KING OF SPORTS
NEW JAPAN PRO-WRESTLING

新日本プロレス
公式ブック

新日本プロレス

Tope Con Giro

英語

&

Hoverboard Lock

スペイン語

[監修]
濵﨑潤之輔
元井美貴

超

Pinche Loco

入門

Eliminator

N J P W ENGLISH & SPANISH

DOUKI BOMB

JN109558

アルク

CONTENTS

音声のダウンロードについて

●パソコンでダウンロードする場合
以下のURLで「アルクダウンロードセンター」に
アクセスの上、画面の指示に従って、音声ファイル
をダウンロードしてお使いください。
URL ➡ **https://portal-dlc.alc.co.jp**

●スマートフォンでダウンロードする場合
以下のURLから学習用アプリ「booco」をインスト
ールの上、ホーム画面下「探す」から本書を検索し、
音声ファイルをダウンロードしてください。
URL ➡ **https://www.booco.jp/**

本書を活用した語学トレーニング法

監修:濵﨑潤之輔

本書は、「プロレス、ルチャ・リブレを通じて楽しみながら英語力、スペイン語力を上げること」、「ファンイベントで憧れの選手と英語やスペイン語でやりとりができるようになること」を目的として企画・制作されました。日本語を読むだけでも楽しんでいただける構成になっていますが、語学力を伸ばしたい方は、現在のご自身のレベルに応じて以下の利用法をオススメします。

入門者 道場生レベル ★★★★

目標➡モチベーション (やる気) を高める

まずは、語学や海外をテーマにした人気日本人選手のインタビュー「Special Match-Up 内藤哲也×高橋ヒロム 師弟対談」「Chapter 5 日本人選手 スペシャルインタビュー」を読んでみましょう。

初級者 ヤングライオンレベル ★★★★

目標➡プロレス、ルチャ・リブレに登場する単語やフレーズを覚える

「Chapter 1 新日本プロレス＆ルチャ・リブレ入門」「Chapter 2 バイリンガル版選手名鑑 2023」を読んで、プロレス、ルチャ・リブレで使われている英語やスペイン語の単語の意味を覚えていきましょう。語彙は語学の土台です。知っている単語やフレーズが増えることで、その言語を理解できる範囲がグッと広がります！

中級者 中堅レベル ★★★★

目標➡文を読んで内容を理解する

「Chapter 3 プロレスファン向け 英語＆スペイン語講座」では、ファンイベントで使える例文を、「Chapter 4 プロレス英語＆ルチャスペイン語録」で、マイクアピールや会見などでの名言を紹介しています。まずは、日本語訳や解説を読んで意味を確認します。次に、英語と日本語訳を交互に声に出して音読しましょう。最後に英文だけを繰り返し読んでみましょう。これを繰り返すと、英文を見るだけで意味が理解できるようになります。

上級者 チャンピオンレベル ★★★★

目標➡音声を活用して、話す力のトレーニングをする

「Chapter 3 プロレスファン向け英語＆スペイン語講座」では、全てのコンテンツに英語、スペイン語、日本語の音声がついています。音声は、「日本語→英語」「日本語→スペイン語」の順で流れます。解説を読んで意味を理解した後は、例文の音声を聞き、できる限り音声をまねて口に出してみましょう。これを繰り返すことで、より正しい発音に近い形で話す力を身につけることができます。

Special Match-Up

語学にちゃんと取り組まなかったのは、キャリアで唯一の後悔かもしれないです

高橋ヒロム

×

俺もそれに似た感覚はあるね。「もっと勉強しとけばよかったな」って

内藤哲也

深い絆で結ばれた師弟関係にあり、共にメキシコCMLLで飛躍のきっかけを掴んだ共通点を持つ2人のスペシャル対談が実現！ 新弟子時代の出会いから、海外遠征での思い出、ロス・インゴベルナブレス・デ・ハポンのメンバーの語学力など、「海外」「語学」をテーマに盛りだくさんの内容に。計8ページでお届けします！

（取材：鈴木佑、撮影：山本高裕）

デビュー前、ヒロムは「あの新弟子はクビになる」ってウワサになるくらいだった（内藤）

——今回は語学がテーマの本となります。そもそもお二人の初対面は、2009年の内藤選手のメキシコ修行時代だそうですね。Skypeを通して、入門したばかりのヒロム選手が挨拶をされたそうで。

ヒロム そうです。オカダ（・カズチカ）さんが内藤さんとSkypeでやりとりをしていて、そのときに僕のことを紹介してくださって。こっちとしては「あのNO LIMITの内藤さんだ！」って感じでしたね。僕はプロレスファン時代、NO LIMITの生意気な感じが好きだったので。

内藤 へえ、そうなんだ。でも、高橋裕二郎派だったんでしょ？

ヒロム いや、僕は内藤さんでしたよ。NO LIMITは少しキャリアの離れたコンビだったじゃないですか？　僕はキャリア1年ちょっとの内藤さんが、先輩たちに噛みついてく姿がいいなって思ってました。

——そして内藤選手が凱旋帰国してからお二人は師弟関係を結び、いまやどちらも新日本を代表するトップレスラーとなりました。

内藤 まあ、ここまで彼を成長させた自分を褒めてあげたいです。

ヒロム いや、内藤さんに練習を見てもらったのはデビューまでですから。そこからは自己プロデュースの賜物なので、僕こそ自分を褒めてあげたいですね。

内藤 でも、彼はデビューできなかったらいまの姿はないわけで。だいたい、デビュー前は「あの新弟子はクビになる」ってウワサになるくらいだったんだから（笑）。

ヒロム いや、自分は「クビ？　知るか、関係ねえ！」って感じだったんで。心だけは強かったんで、当時から。

内藤 心が強いというか、そもそも頑固なんですよ。こっちが教えると新弟子なのに口答えしてきてたし（笑）。でも正直、俺も「デビューまでは見るけど、あとは自分でがんばって」という感じで、いまの彼の姿は想像してなかったですけどね。

——師弟関係のきっかけとしては、内藤選手からヒロム選手に声をかけたそうですね。

内藤 当時のヒロムくんは日替わりのようにいろんな先輩から教わってて、どれが正しいのか明らかに困惑してる感じがしたんですよね。一番の決め手になったのは、尼崎で中西さん（学＝引退）の指導を受けて困り顔の彼を見て、「これは俺が教えないとダメだな」と思って声をかけて。

ヒロム じゃあ、ある部分では中西さんのお陰ですね（笑）。まあ、中西さんがどうとかではなく、基本的に先輩というのは「こうしろ！　なんでできない？」ってタイプの人が多いというか。そんな中、内藤さんは「俺の場合はこうだけど、自分のやりかたを見つければいいんじゃない？」っていう感じだったんで。

内藤 その結果、「僕はこう思います！」ってズケズケ来られたけど（笑）。

ヒロム それは向上心の表れです。そうやって内藤さんに指導してもらえるようになってからは、ほかの先輩方も特には何も言ってこなくなって。当時、内藤さんは僕の受身やロープワークをよ

く携帯電話で撮影して、具体的にコツとかを教えてくれるのでわかりやすかったです。

内藤 本来、俺も人に教えるのは好きじゃないんですけど、海外遠征帰りだったんで現地で学んだことを誰かに教えたかったんでしょうね。それで、できない新弟子を見つけて「コイツだ」と（笑）。

ヒロム ただ、内藤さんが海外で学んだものより、自分はもっと基本的なことができてない状態だったんで。だから、海外土産のような技術は教わってないと思います。

内藤 そう言われるとそうか（笑）。でも、教えるごとにヒロムくんが上達していくので、こっちとしては楽しかったですよ。まあ、やっぱり一番言いたいのは、俺が教えなかったら高橋ヒロムという男はこの場にいないってことですね。

ヒロム いや、いないことはないです！ しぶといんで、自分は。

メキシコでは、タクシーで「ストレート（真っ直ぐ）」と言っても通じなかった（内藤）

──新日本のレスラーはヤングライオンとして前座で切磋琢磨したのち、海外修行へ旅立つケースが多いですが、そもそもお二人は海外への憧れはありましたか？

内藤 俺はなかったですし、海外遠征に行かなくて済むならそうしたいと思ってました。というのも、自分がプロレスファン時代に応援してた棚橋弘至選手を見て、「海外修行に行かなくても上を目指せるんだな」と思っていたので。あと、俺は新日本プロレスが好きなわけで、

当時はそれ以外でプロレスをしたいという欲もなかったですし。

ヒロム 自分もレスラーを目指した頃から、「プロレスをやるなら新日本以外はありえない。新日本以外からは金はもらわねえ！」って決めてたので、海外に対して何か思うことはなかったです。新日本に入れば海外修行にいつか行くんだろうなとは思ってましたけど、特に海外で試合をしたいという気持ちはなかったですね。

──そこはお二人とも共通してるんですね。

ヒロム ただ、入門してからは道場生という立場が本当にイヤで、デビュー1年すぎたあたりからは「早く海外に行きたいな」と思ってました（笑）。よく覚えてるのが、デビュー前に内藤さんが「メキシコ、楽しいよ〜」って現地の話をいろいろしてくれて。

内藤 たしかに言ってた。でも、ヒロムくんはメキシコ否定派だったよね。

ヒロム あの頃はルチャ・リブレが好きじゃなかったんですよね。

──内藤選手も当初、メキシコにはいいイメージがなかったんだとか？

内藤 ええ、とにかく危ない国だっていう情報ばかり入ってきて。いざ行くと決まってからもスペイン語は全然勉強しなかったですね、少し英語が話せれば何とかなるだろうと思って。でも、タクシーに乗って「ストレート（真っ直ぐ）」と言っても通じなくて。

ヒロム メキシコは英語通じないですよね。

内藤 それでこれじゃダメだということで、スペイン語の単語をいろいろ覚えるようになって。当時、全日本プロレス

からメキシコ修行に来ていたBUSHIも同じ日本人宿に泊まっていて、スペイン語で書かれたプロレス用語の単語カードを渡されました。彼の存在には何かと助けられましたね、いろいろと食事はタカられましたけど（笑）。

——結果的にメキシコは内藤選手にとって、かなり水に合ったそうで。

内藤 絶対嫌だと思ってたのに、メチャクチャ気に入っちゃいました。最初は「俺は生きて、この国から出ることはないんだろうな」って思ってたんですけど。

ヒロム そんな覚悟を決めてたんですか（笑）。

——メキシコのどのあたりが気に入りましたか？

内藤 空気感ですかね。俺は時間にルーズなんですけど、メキシコの人々もルーズというか、時間に縛られてない感じがあって。

ヒロム 時間にルーズなのはルチャドールだけなんじゃないかっていう意見もありますけどね。

内藤 でも、TVの収録で待ち合わせ場所に時間どおりに行ったら、収録スタッフがいないとかあったよ（笑）。まさにトランキーロというか、あの国のそういうノンビリ感がよかったんですよね。それで日本に帰ってから、ヒロムくんにメキシコの魅力を話すんですけど、新弟子のクセに「あんなのはプロレスじゃない！」と（笑）。

ヒロム いや、当時は自分も頭が固かったというか、ルチャの陽気な感じが受けつけなくて「プロレスは戦いだろ！ 潰しあいをやれ!!」っていうタイプでした

し。のちに、その考えはまったく変わるんですけどね。「これだ！　むしろコッチだ！」って。

内藤　フフフ。

言葉が全然わかんないんで病院でも「ア〜ハン？ ア〜ハン？」とか適当に応えてました（ヒロム）

——ヒロム選手は2013年6月に最初の海外修行先としてイギリスに旅立ちますが、当時はイギリスに行く選手が珍しかったというか。

ヒロム　そうでしたね。ただ、自分はとにかく雑用が大変な道場をいち早く脱出したかったんで、わりと行く先はどこでもよかったというか。

——語学の準備はされたんですか？

ヒロム　まったくです。日本にいるときは外国人選手とブロークンイングリッシュで何となく通じ合えていると思ってたんですけど、いざイギリスに行ったらまるで通じなくて。イギリスに行く前に自分は腕を痛めていたんですけど、会社に伝えたら海外修行が中止になると思って、黙って向かったんですね。そうしたら現地で痛みがドンドンひどくなってきて。

内藤　バチが当たったんじゃない？

ヒロム　それでイギリスの病院に行ったら腕の舟状骨が折れているのがわかって手術したんですけど、あのときの病院とのやりとりは苦労しましたねえ。言葉が全然わかんないんで「ア〜ハン？ ア〜ハン？」とか適当に応えてました（笑）。そもそもイギリスには半年いて、きつかったイメージしかないんですけど。

内藤　それはスケジュールがきつかったの？

ヒロム　時期によっては1日3試合をそれぞれべつの場所で週5日。その試合と試合のあいだにジャンクフードをかきこむような生活で、あれはなかなかの地獄でしたね。それで今度はイギリスから脱出したいということで、菅林（直樹）会長に「メキシコに行かせてください」とお願いして。

——道場の次はイギリスから脱出と（笑）。

内藤　結局、嫌がってたメキシコ行きを志願してるじゃん（笑）。

ヒロム　でも、これがまた自分もメキシコが水に合ったんですよ。タコスが大好きになってガンガン食べてましたけど、お腹を壊すこともなく。

内藤　さすがメキシコで賞味期限が1カ月前の牛乳を飲んで、平気だっただけあるね。

——内藤選手が2015年のメキシコ遠征で、ヒロム選手と同じ日本人宿に泊まってたときのエピソードですね（笑）。

内藤　建物中に響き渡る声で「ウワ〜〜ッ!!」って聞こえて何かと思ったら、「終わりました、腐った牛乳飲んじゃいました！　明日、死ぬかもしれません」って（笑）。

ヒロム　メキシコはメキシコでいろいろありましたね（苦笑）。内藤さんの知り合いのジムに連れてってもらって、日焼けマシーンを使うときに目を閉じなきゃいけないのに開けたままにしてたら、涙が止まらなくなっちゃったこととか。

内藤　あのときも濡れタオルで目を押さえながら「俺、終わりました！」って騒いでたな（笑）。

内藤選手のTシャツはメキシコで購入

日本で全然ダメだったし、メキシコで絶対に成り上がってやろうって思ってました(ヒロム)

──先ほど、ヒロム選手はルチャに出会いプロレスへの考えかたが変わったというお話がありました。

ヒロム　特に自分の場合はライバルとの出会いが大きくて、彼がいなかったらいまの高橋ヒロムにはなってないんじゃないかなと。彼はバチバチ来るタイプで、自分の中でルチャに対する印象も変わったというか、「プロレスって何やってもいいんだな、何でもアリなんだな」と思ったんですよね。それからは試合の中で、いろんなことをやるようになって。

──内藤選手はそういうヒロム選手の

姿を現地で見て、成長を感じたのでは?

内藤　日本にいたときと比べて「あ、こんなに違うんだ」っていうのは感じましたね。「すごいことやってんだな、俺のお陰だな」って。

ヒロム　ライバルのお陰です!(キッパリ)。いやもう、日本で全然ダメだったし、メキシコで戦う中で絶対に成り上がってやろうって思ってましたね。修行期間を何となくすごし、日本に帰ってからがんばろうっていうのだけはイヤだったんで。

──お二人ともメキシコでは、CMLLの殿堂であるアレナ・メヒコのメインを飾る活躍ぶりでしたが、特にヒロム選手はもっとも価値があるとされる、金曜定期戦のメインの連続出場記録を持って

いるそうで。

内藤 へえ、そうなの？

ヒロム はい、たしか13週とか。

内藤 13週！ すごいねえ。

ヒロム はい、師匠を越えました。

内藤 いや、越えたって言っても、そもそも俺のお陰で……。

ヒロム （さえぎるように）金曜のメインがどれだけ価値のあることか！ それだけCMLLが自分たちに期待してくれたってことですし、あのミスティコでも金曜のメインはそこまで連続で出てないですからね。

——では、人気のほうもすごかったのでは？

ヒロム それはもう、キャーキャーですよ。

内藤 キャーキャーって（笑）。

ヒロム メキシコのいいところは、家族みんなで観にきたりしてるんですよね。まさに大衆娯楽というか、これが理想のプロレスのかたちなんじゃないかなって感じましたし、日本もこうならないとなって思いました。

——ちなみにヒロム選手はスペイン語のほうは？

ヒロム （小声で）勉強っていう勉強はしなかったですね……。さすがにウノ、ドス、トレスとか数字くらいはわかっておかないと、場外カウントで負けちゃうんで覚えましたけど。語学にちゃんと取り組まなかったのは、キャリアで唯一の後悔かもしれないです。特にメキシコは2年半もいたんで、なんで勉強しなかったんだろうって、帰ってきてから思いますし。当時は「しゃべれなくても生活できてるからいいや」みたいな感じでしたけど。

内藤 俺もそれに似た感覚はあるね。

やっぱり海外で自分の言いたいことが通じないともどかしさはあるし、「もっと勉強しとけばよかったな」って。俺のモットーは「思ったことは口にしないと通じない」ですけど、海外では口にしたくても伝えられないっていう（苦笑）。

——お二人はいまからまた語学を学ぼうというお気持ちは？

内藤 ……。

ヒロム ないじゃないですか（笑）。僕はコロナ禍のときに勉強し直そうって思って、じつは英語の参考書を買ったんですよ。1日ごとのノルマがある本だったんですけど。

内藤 やったの？

ヒロム 1日目で終わりました。

内藤 やっぱり（笑）。

——同じユニットの中で語学堪能となるとBUSHI選手になるんでしょうか？

内藤 BUSHIはティタンに向けて、スペイン語をすごく自信満々でしゃべるんですけど、おそらくそんなには合ってないんですよ（笑）。

ヒロム でも、その自信満々でしゃべるっていうのが一番大事なんですよ、きっと。

内藤 たしかにティタンに対して、すっごいわかったようにスペイン語を並べてるのを見ると、しゃべれる感はあるね。

ヒロム たぶん、文法とかはメチャクチャなんですよ。でも、自信が文法を超越するというか。というか内藤さん、海外から帰ってくると、覚えてた言葉って忘れちゃいませんか？

内藤 忘れる。やっぱり普段から使うのも重要なんだろうね。その点、同じ控え室にティタンがいるとちょっとは違うのかも。

「もっと自分の思いを現地の ファンのみなさまに伝えたいな」 っていう気持ちは大きいですね （内藤）

——内藤選手は2015年5月にメキシコでロス・インゴベルナブレスに加入し、日本に持ち帰る際に、ヒロム選手に相談をされたそうですね。

内藤 当時の自分の現状を変えるために、一人でもロス・インゴベルナブレスとして新日本に上がること自体は考えてたんですけど、なんとなしにヒロムくんに「どう思う？」って聞いたんです。そうしたら「絶対に持ち帰るべきですよ！」っていう感じで。

ヒロム あの頃のロス・インゴは現地でブームを巻き起こしてましたし、そこに加入した内藤さんもさらに人気が高まってたんで、これを持ち帰らない手はないなと。その後、内藤さんがL・I・Jを作って活躍する姿を見て、内藤さんらしい表現ができてるなって思いましたね。それ以前の内藤さんは、どこか無理してるようにも見えてたので。

——お二人にとってメキシコは、キャリアの大きなターニングポイントになったというか。現在、コロナ禍が収束に向かう中、またメキシコやアメリカなど海外遠征の機会が増えてきましたが、ひさびさの異国の地はいかがですか？

内藤 懐かしく感じると同時に、やっぱり「もっと自分の思いを現地のファンのみなさまに伝えたいな」っていう気持ちは大きいです。海外に行くたび、語学をやっとけばよかったなって思うので。

ヒロム 僕は今年、ひさびさにメキシコに一人で行く機会があったんですけど、この緊張感がいいなって思いました。飛行機の乗り継ぎを間違えないかなとか。

——ちなみに海外でお二人が一緒になったときは、どこかに出かけたりは？

ヒロム いや、内藤さんは部屋から出てこないので。

内藤 アメリカだと出歩かないね。

ヒロム 「何食べてんだろ？」って思いますもん。それで「サブウェイ」（サンドイッチチェーン店）って言われて、「またサブウェイですか！」っていう（笑）。

内藤 海外は基本的にサブウェイ。チャレンジしたくないから。

——逆にBUSHI選手は海外でも、アグレッシヴに行動するイメージがあります。

内藤 BUSHIは昔からコミュニケーション能力が高いから。今年、BUSHIとはメキシコで一緒になったけど、試合以外は別行動だったな。

ヒロム 内藤さんはサブウェイですよ

2015年6月23日メキシコシティ国際空港にて（写真：本人提供）

ね？

内藤 俺、メキシコはいろいろ行くんだよ。サブウェイも含め（笑）。

――L・I・Jだと鷹木信悟選手だけ、唯一メキシコに行かれたことがないそうで。

ヒロム そうみたいですね。でも、鷹木さんはメキシコに合うと思います。鷹木さんも語学とか関係なく、ガンガンしゃべるタイプなんで。

内藤 控え室でもずっとしゃべってるもんね、誰も聞いてなくても。たしかにメキシコでも通用するかもな。

ヒロム やっぱり、そうやって自信を持ってしゃべるのが大事なんだと思いますよ。オドオドしてたら相手に伝わりますから。外国人の人が日本語話すときは、「コンニチハ！」って元気なイメージありません？ コミュニケーションっていうのは、ああいう姿勢が大切なんでしょうね。

プロレスがあまり
盛んじゃない国に行って、
試合をしてみたいかな (内藤)

――内藤選手は、2022年10月のイギリス・ロンドン大会では締めのマイクアピールを英語で行ってましたよね。

内藤 あれはもう、「Enjoy」とか「Happy」とか小学校……、じゃないか、中学で習うような単語を並べただけなんで。会場が大盛り上がりで最後の「デ！ ハ！ ポン！」を大合唱してくれたのはうれしかったですけど。

――いまは小学校でも英語の授業があるみたいです。

内藤 あ、そうなんですか？

ヒロム 自分のときも小学校で英語、習いましたよ。

内藤 ウソだ〜、だって八王子でしょ？

ヒロム 八王子は最先端です！ まあ、おそらく海外でマイクが盛り上がるのは、発音は通じてないと思うので海外特有のノリなんでしょうね。

――海外ファンに向けてという部分では、内藤選手はSNSをスペイン語で発信してますね。

内藤 適当な部分もあるんですけど、日本以外のファンのみなさまにもということで翻訳機能を使って。ただ、あれをやってることで、海外に行くと「内藤はスペイン語が話せるんじゃないか」と思われてすごく速いスピードで話しかけられたりするんですけど、まったくわかんないです（苦笑）。

――では最後に今後、お二人が海外でやってみたいことなどあれば教えていただければ。

内藤 そうだなあ……、いまパッて思い浮かんだのは、何年か前にコスタリカに呼ばれて一人で行ったんですけど、すごく新鮮だったんですよね。お客さま200人くらいがギュウギュウ詰めのせまい会場で試合したんですけど、大盛り上がりで。そういうプロレスがあまり盛んじゃない国に行って、試合をしてみたいかな。

ヒロム ああ、僕も行ったことない国で試合をやりたいですね。プロレスというものがどれだけ世界にあるのかわからないですし、どんな選手がいるかもわからない。そういう選手とコミュニケーションが取れるように、とりあえず1日目で終えた英語ドリルをまた開こうと思います。

内藤 いや、絶対やらないよ（笑）。

内藤哲也 スペイン語語録

メキシコを愛するがあまり、コメントでもSNSでもスペイン語が止まらない。そんな内藤選手が使用するスペイン語を一挙掲載！

Buenas noches
ブエナス ノーチェス
こんばんは

Cabrón
カブロン
クソ野郎

Pareja
パレハ
仲間

Hasta mañana
アスタ マニャーナ
また明日

Ocupado
オクパード
忙しい

Cansado
カンサード
疲れた

Tranquilo
トランキーロ
あっせんなよ！

Perdón
ペルドン
ごめんなさい

Tengo hambre
テンゴ アンブレ
お腹が空いた

Tengo mucho sueño
テンゴ ムーチョ スエニョ
とても眠い

Destino
デスティーノ
運命

Hasta luego
アスタ ルエゴ
またな

Gracias
グラシアス
ありがとう

BUSHI, Hiromu, Takagi,
BUSHI！ ヒロム！ 鷹木！

Titán, Yota, y Naito!
ティタン！ 陽太！ イ 内藤！

Nosotros! Los Ingobernables
ノソトロス！ ロス！ インゴベルナ〜ブレ〜ス！
俺たちは　　　　　　　　　制御不能な奴ら

de Japón!
デ！！ ハ！！ ポン！！
日本の

Chapter 1
新日本プロレス＆
ルチャ・リブレ入門

新日本プロレス×英語、ルチャ・リブレ×スペイン語の最強タッグがここに実現！
まずは、ルールや技など基本のキホンを真壁刀義先生、
元井美貴（モッキー）先生とともに学びましょう。

写真提供：新日本プロレス、CMLL

1 Rules

プロレスのルールで最初に覚えておきたいのは、試合の勝敗を決める決着方法！
基本である「ピンフォール」「ギブアップ」を押さえておけば、初めての観戦でも楽しめます。

教えて! 真壁先生 & モッキー先生!
新日本プロレス & ルチャ・リブレ講座

プロレス初心者の人も安心。
試合の決着方法から反則行為まで、
新日本プロレスのルールを真壁刀義先生が、
メキシコのプロレス（ルチャ・リブレ）のルールを
モッキー先生がレクチャーします！

Pinfall ピンフォール
相手の両肩をマットに pin（固定）した状態で、referee（レフェリー）が３カウントを数えること。

Give up / Tap out ギブアップ
submission（関節技）、wear-down hold（締め技）などで相手を降参させること。

Knockout ノックアウト
opponent（対戦相手）が立ち上がれず、レフェリーが10カウントを数えること。略して K.O.。

Technical knockout テクニカルノックアウト
味方の second（セコンド）が危険と判断し、リングへタオルを投入して棄権すること。略して T.K.O.。

Countout リングアウト

場外に出たまま、20カウント以内にリングに戻れないこと。

Referee stoppage レフェリー・ストップ

レフェリー、もしくは doctor(ドクター)が危険と判断して、試合を強制的に止めること。

No contest 無効試合

試合が成立せず、続行不可能になること。contest には「闘い」「争い」という意味があります。

Draw 引き分け

制限時間内に決着がつかないこと。

関節技や締め技を決められたときやフォールを奪われているときに、手や足でロープに触れることで、相手の技を解除することができるぞ! Rope break(ロープブレイク)ってやつでな、めちゃくちゃ大事なことだから必ず覚えるように!

ルチャ・リブレの決着方法

Lucha Libre (ルチャ・リブレ)はメキシコのプロレスのことで、lucha には「闘い」libre には「自由」という意味があります。

3カウントの Toque de espalda (ピンフォール)、相手が rendición (降参)するまで複合関節技の llave (ジャベ)で固める Sumisión (ギブアップ)、referí (レフェリー)が20カウントを数える Conteo fuera del ring (場外リングアウト)など、基本的にはプロレスと同じ形で試合が決着します。

uno(1), dos(2), tres(3), cuatro(4), cinco(5), seis(6), siete(7), ocho(8), nueve (9), diez (10), once (11), doce (12), trece (13), catorce (14), quince (15)など、私は場外カウントでスペイン語の数字を覚えました!

Match Types [試合形式]

1対1が基本となる他の格闘技と違い、さまざまな闘いのカタチがあるのがプロレスの魅力の1つです。

Single match シングルマッチ

パートナーの cut（介入）がない、1対1のタイマン勝負。

Tag match タッグマッチ

2対2、3対3、5対5などの複数の闘い。コーナーにいるパートナーと touch（タッチ）をすれば交代できます。

3 way match 3WAYマッチ

三つ巴の闘い。海外では Tripe threat match と呼ばれることも。

Battle royal バトルロイヤル

複数人で同時に闘う試合形式。基本的に自分以外は全て敵ですが、一時的に共闘関係を結ぶこともあります。

Lumberjack deathmatch ランバージャックデスマッチ

リングの四方を囲んだセコンドが場外に落ちた選手を押し戻す、逃げることができない試合形式。

No DQ match ノーDQマッチ

反則裁定なしの闘い。DQ は Disqualification（反則）の略。

> シングルマッチは、誰の邪魔も入らねぇ、男と男のタイマン勝負だ！たまに関係ないヤツがよ、ちょっかい出してくるけど、そん時はそいつもブチのめすだけだ！

┃ルチャ・リブレの試合形式

Special thanks to CMLL
Photos by ©CMLL / Alexis Salazar

Lucha de Relevos
タッグマッチ

Trios（3対3）、Parejas（2対2）などのタッグマッチが多く、敵対する técnico（善）と rudo（悪）が Relevos Increíbles（信じられないタッグ）を組む場合もあります。

A Dos de tres caídas sin límite de tiempo 時間無制限3本勝負

6人タッグマッチの場合、capitán（カピタン）からフォール、ギブアップを奪うか、カピタン以外のパートナーの2人からフォール、ギブアップを奪うと1本となります。

Mano a Mano シングルマッチ

シングルマッチは、遺恨清算マッチや campeonato（タイトルマッチ）が中心で、日本のプロレスほど頻繁には行われません。タイトルマッチに勝利した campeón（チャンピオン）には cinturón（ベルト）が手渡されます。

Match Relámpago
マッチ・レランパゴ

relámpago（レランパゴ）には「稲妻」「閃光」の意味があり、短い時間を意味します。通常よりも試合時間が短く、場内モニターや画面に残り時間が表示されることが多いです。

○○ contra ○○ コントラ戦

contra（コントラ）は、スペイン語で「〜対〜」を表す語で、大切なものを賭けて戦う究極の遺恨精算戦です。

❶Máscara contra Máscara
マスカラ・コントラ・マスカラ

敗者マスク剥ぎマッチ。máscara（マスカラ）は「覆面」のこと。負けると観客の前でマスクを脱がなくてはならず、本名、年齢、ルチャドール歴も明かされます。

❸Carrera contra Carrera
カレラ・コントラ・カレラ

carrera（キャリア）をかけた戦い。敗者は引退を余儀なくされます。他にも敗者が名前を奪われる Nombre contra Nombre も存在します。

❷Cabellera contra Cabellera
カベジェラ・コントラ・カベジェラ

敗者髪切りマッチ。cabellera（カベジェラ）は「髪」。負けてしまうと髪切り職人さんがやって来て、お客さんの目の前で pelón（丸坊主）にされてしまうのです。

❹Máscara contra Cabellera
マスカラ・コントラ・カベジェラ

一方は máscara（マスク）、もう一方は cabellera（髪の毛）を賭けた戦い。一度マスカラ戦に敗れてしまうと、以降は髪を賭けるようになります。

> ホイッスルで試合が始まります。試合権利はタッチの他、リングから外に出ることで控えの選手に移動。メインイベントは lucha estelar（ルチャ・エステラール）、スーパースターは súper estrella（スペル・エストレージャ）と呼ばれます。

3 Moves

人気技［英語］ イラスト：広く。

Brainbuster ブレーンバスター

元は相手の brain（頭部）を打ちつける形でしたが、現在では back（背中）から落とす技に。海外では Vertical suplex と呼ばれます。

Dragon screw ドラゴンスクリュー

藤波辰爾選手（愛称 dragon）、武藤敬司選手、棚橋弘至選手など新日本プロレスのエースが歴代の使い手です。

STF STF

正式名称は、Stepover Toehold with Facelock で、toe（つま先）と face（顔面）を固める技。蝶野正洋選手が第一人者。

Hip attack ヒップアタック

自分のお尻を相手の顔面に叩き込む技。hip は「尻」ではなく「股関節」の意味ですが、日本プロレスへのリスペクトで海外でも Hip attack と呼ばれています。

Boston crab 逆エビ固め

日本語ではエビですが、英語では crab（カニ）です。

Scorpion deathlock サソリ固め

掛けられた相手の姿が scorpion（サソリ）のように見えることが由来。

人気技[スペイン語] イラスト：横山千裕

Tornillo
トルニージョ

tornillo はスペイン語で「ねじ」の意味。文字通り身体を「ねじ」のようにひねりながら回転させるボディアタックのことです。

Sentón atómico
セントーン・アトミコ

前方回転して背中から身体を浴びせる飛び技。sentón は「尻もち」、atómico は「原子力」の意味です。

Plancha suicida
プランチャ・スイシーダ

plancha は「鉄板」を意味する言葉で、トップロープを飛び越えて、場外の相手に身体を浴びせる技。日本ではプランチャと呼ばれることが多いです。

Tope suicida
トペ・スイシーダ

リング上から場外へ頭から突っ込む飛び技。tope は「衝突」や「頭突き」、suicida は「命知らず」の意味です。

Tijera
ティヘラ

相手の頭を自分の両足に挟んで、自ら回転しながら投げ飛ばす技。tijera は「はさみ」の意味です。

Quebradora con giro
ケブラドーラ・コン・ヒーロ

走ってきた相手を回転させながら、自分の膝の上に背中から落とす技。quebradora は「破壊者」、giro には「回転」の意味があります。

オリジナル技 [英語]

Slingblade
スリングブレイド

当時のタッグパートナーの中邑真輔選手が命名。同名の
映画タイトルに由来しています。

Money Clip
マネークリップ

変型のコブラクラッチ。「レインメーカー」を一時封印し
ていた際の必殺技。

©RevPro

Leap of Faith
リープオブフェイト

同名の英語のイディオムに「一か八か思い切ってやって
みる」という意味があります。

Paradise Lock
パラダイスロック

腕と足を絡ませ、折り畳んでひっくり返して全身を締め
上げる関節技。元祖は、ミラノコレクションA.T.さん。

Daybreak
デイブレイク

daybreakは「夜明け」という意味です。上昇への手応え
とともに本人が命名。

Ignition
イグニッション

本人がファンからTwitter（現X）で技名を募集して決定。
意味は「バイクの鍵を回す動き」。

オリジナル技 ［スペイン語］

Número dos
ヌメロ・ドス
「ナンバー2」の意味。ドラゴンゲート所属の Eita 選手の número uno という技に対抗して本人が命名。

El es culero
エル・エス・クレロ
culero は「バカ」という意味。「こんなので負けるヤツはバカヤローだ」と皮肉を込めた技名。

Recientemente
レシエンテメンテ
「最近」という意味があるが、過去と現在、そして未来をつなぐ「近未来」という意味を込めて本人が命名。

Ángel Inmortal
アンヘル・インモルタル
BUSHI 選手×ティタン選手の合体技。メキシコシティの独立記念塔の愛称 Ángel（アンヘル）から命名。

Esperanza
エスペランサ
esperanza は「希望」の意。海外遠征前の辻陽太選手に繰り出したことでも話題になりました。

Valentía
バレンティア
valentia は「勇気」の意。他にも gloria「栄光」、evolución「進化」などスペイン語の技が多数あります。

4 Disqualifications [反則]

Heel（ヒール）、Rudo（ルード）のレスラーは、レフェリーの目を盗んで反則行為をすることが多々あります。ここでは代表的なものを紹介します。

Low blow 急所攻撃
直訳すると low（低い位置）への blow（打撃）です。

Weapon shot 凶器攻撃
凶器に使用されるものは、chair（イス）、title（ベルト）、torture tool（トーチャーツール）など多岐にわたります。

Interference 乱入
ヒール軍団は、試合中にも関わらず試合に介入することがあります。

Referee assault レフェリー暴行
レフェリーが失神に追い込まれるとリング上は無法地帯と化します。

●その他の反則：パンチ攻撃、目、喉への攻撃、マスク剥ぎ、ロープブレイク後の攻撃など

ルチャ・リブレの反則

Special thanks to CMLL　Photos by ⓒ CMLL / Alexis Salazar

Quitar la máscara マスク剥ぎ
マスクはマスクマンにとっての命。相手選手のマスクを外すことは重大な反則行為となりレフェリーが確認すると descalificación（失格）になります。

> Martinete（「杭打ち機」「ハンマー」の意味）と呼ばれるパイルドライバーは基本的には禁止技とされています。

5 Ring

4角にコーナーマット、周囲に3本のロープなど、プロレスもルチャ・リブレのリングも、基本的な見た目は同じですが細かいサイズなどが異なります。

写真：中原義史

1 Mat マット
新日本プロレスのリングのマットの色は cerulean blue（セルリアンブルー）です。

2 Rope ロープ
内部には金属製のワイヤーが入っています。

3 Corner pad コーナーパッド
サイズは、タテ95cm×ヨコ30cmです。矢野通選手は3秒で剥ぎ取ることができます。

4 Coner post コーナーポスト
場外マットからコーナーポストまでの高さは2m45cmです。コーナーポスト上の攻撃は「雪崩式」と呼ばれます。

5 Apron エプロン
リングの中でも特に堅い部分ですが、時折エプロン上で攻防が繰り広げられます。

ルチャ・リブレ（CMLL）のリング

日本よりマットが硬く、ロープの太さも違います。コーナーは esquina（エスキーナ）、ロープは cuerda（クエルダ）で下から123と数えます。

アレナ・メヒコのリングからフェンスまでの距離は3m50cm！ 日本からメジャーを持参して計測しました。

6 Championships [タイトルと階級]

タイトルマッチで勝利を収めた選手のみ、手にすることができるのがチャンピオンベルト。
ここでは新日本プロレスとメキシコ最大の団体CMLLの主要タイトルを紹介します。

HEAVYWEIGHT（ヘビー級）100kg〜　　Jr. HEAVYWEIGHT（ジュニアヘビー級）〜99kg

IWGP WORLD HEAVYWEIGHT
IWGP 世界ヘビー級王座
2021年にIWGPヘビー級王座とIWGPインターコンチネンタル王座が統合されて設立された団体最高峰のベルト。2023年12月時点の王者はSANADA。

IWGP Jr. HEAVYWEIGHT
IWGP ジュニアヘビー級王座
体重100キロ未満のジュニアヘビー級のトップを決めるベルト。

IWGP UNITED STATES
USヘビー級王座
新日本が海外進出を推し進める中、2017年7月のロサンゼルス大会で制定された。

NEVER OPENWEIGHT
NEVER 無差別級王座
openweightとは「無差別級」。若手育成を目的とした大会から生まれたベルト。

NJPW STRONG OPENWEIGHT
STRONG 無差別級王座
2021年にアメリカ初の配信番組「NJPW STRONG」内で新設されたベルト。

▌ルチャ・リブレ（CMLL）のタイトルと階級

※CMLLタイトルの歴代王者は新日本プロレスの選手を対象としています。

Campeonatos Mundiales del CMLL　CMLL 世界王座

▶ CMLL 世界ヘビー級王座
90年代に新設された団体の主要タイトル。2023年5月には、辻陽太が王者グラン・ゲレーロに挑戦も奪取ならず。
歴代王者　なし

▶ CMLL 世界ライトヘビー級王座
歴代王者　なし

▶ CMLL 世界ミドル級王座
歴代王者　獣神サンダー・ライガー

▶ CMLL 世界ウェルター級王座
歴代王者　ティタン、BUSHI、田口隆祐

▶ CMLL 世界スーパーライト級王座
歴代王者　カワトサン、カマイタチ、ロッキー・ロメロ

▶ CMLL 世界タッグ王座
歴代王者　棚橋弘至＆獣神サンダー・ライガー、タマ・トンガ＆テリブレ、タマ・トンガ＆レイ・ブカネロ

▶ CMLL 世界トリオ王座
歴代王者　棚橋弘至＆OKUMURA＆タイチ

Campeonatos Mundiales Históricos
世界ヒストリック王座

▶ 世界ヒストリックライト・ヘビー級王座
アメリカのNWAに起源を持つ。
歴代王者　なし

▶ 世界ヒストリック・ミドル級王座
歴代王者　プリンス・デヴィット

▶ 世界ヒストリック・ウェルター級王座
歴代王者　ロッキー・ロメロ

KOPW
KOPW 2023

選手が希望する試合形式を持ち寄り、ファン投票で決定するベルト。

NJPW WORLD TV
NJPW WORLD 認定TV王座

試合形式は15分1本勝負で、引き分けの場合は王者の防衛になる。

NJPW STRONG OPENWEIGHT TAG TEAM
STRONG 無差別級タッグ王座

2022年に新設された。初代王者はオージー・オープン。

IWGP TAG TEAM
IWGPタッグ王座

制定されたのは1985年で、ベルトとして IWGP ヘビー級よりも古い歴史を持つ。

IWGP Jr. HEAVYWEIGHT TAG TEAM
IWGP ジュニアタッグ王座

王座戦はスピーディーでスリリングな戦いが繰り広げられる。

NEVER OPENWEIGHT 6MAN TAG TEAM
NEVER 無差別級 6人タッグ王座

新日本プロレスの歴史上初めてとなる6人タッグのベルト。

IWGP WOMEN'S
IWGP 女子王座

初めて女子で「IWGP」の名が付いた王座。WWE でも活躍した KAIRI が初代王者。

STRONG WOMEN'S
STORNG 女子王座

2023年に新設。メルセデス・モネを倒したウィロー・ナイチンゲールが初代王者。

Completo（ヘビー級）	98kg〜	Welter（ウェルター級）	〜77kg
Semicompleto（ライトヘビー級）	〜97kg	Súper Ligero（スーパーライト級）	〜73kg
Medio（ミドル級）	〜87kg		

Campeonatos Nacionales Mexicanos
ナショナル王座

▶ナショナル・ヘビー級王座

1930年代のルチャ黎明期から存在するタイトル。ヘビー級の他に、ライトヘビー、ミドル、ウェルター、ライト級にタッグ、トリオ王座などがある。
歴代王者　ティタン（ウェルター級）

Campeonato Universal del CMLL
カンペオン・ウニベルサル

▶カンペオン・ウニベルサル

CMLL 世界王者、世界ヒストリック王者などタイトル保持者が参戦できるトーナメントで優勝すると戴冠できる。
歴代王者　棚橋弘至、獣神サンダー・ライガー

Rey del Inframundo
レイ・デル・インフラムンド

▶レイ・デル・インフラムンド

死者の日興行の予選優勝者が昨年の王者に挑戦し、勝者が獲得できるベルト。タイトルマッチは年に一度だけ行われる。2017年に新設。
歴代王者　なし

新日本プロレス×海外

動画配信サービス『NJPW WORLD』をきっかけに多くの海外ファンを獲得した新日本プロレス。
現在は数多くの団体と提携を結び、アメリカ、メキシコはもちろんのこと、世界中で興行を開催しています。

世界に広がる新日本プロレス

NJPW STRONG LIVE

アメリカで開催される新日本プロレスの大会ブランドで、PPVにてアメリカからライブ中継を実施！ 新日本プロレスの所属選手はもちろんのこと、個性豊かなアメリカ在住のフリー選手、AEW や CMLL の大物選手などバラエティに富んだ選手が参戦中で、他では見ることのできないカードも数多く実現しています。

視聴方法
PPV（ライブ配信）の購入
NJPW WORLD（後日配信）

NJPW TAMASHII

ニュージーランド＆オーストラリアなどのオセアニア地区を舞台とした新たなブランドで、TAMASHII は日本の「魂」に由来。2022年11月にニュージーランドのクライストチャーチで旗揚げ戦、第2戦をオーストラリアのシドニーで実施。バッドラック・ファレ、ロビー・イーグルスなどの出身選手を中心に、新日本プロレスの所属選手、ニュージーランド道場の若手選手なども参戦しています。

視聴方法
NJPW WORLD（後日配信）

Royal Quest

イギリスで開催される新日本プロレスの大会ブランド。2019年9月に第1回、2022年10月に第2回大会が開催され、これまでIWGPヘビー級選手権、IWGPタッグ選手権などのタイトルマッチも組まれています。2023年10月には第3回が開催され、メインイベントはウィル・オスプレイ対ザック・セイバーJr.のイギリス出身者同士の頂上対決が実現。

視聴方法
NJPW WORLD（後日配信）

NJPW ACADEMY

ロサンゼルスにあるLA DOJOでプロレススクールが開講！「ニュージャパン」を求めて、アメリカ、イギリス、カナダなど世界中からレスラーが集結。初心者向けのビギナーコースと、中上級者向けのアドバンスコースの2つのコースがあり、KUSHIDA、フレッド・ロッサー、ロッキー・ロメロなどの豪華コーチ陣が、新日本プロレスの歴史、文化、技術を伝えています。

AEW入門

AEWとは?

AEW は All Elite Wrestling (オール・エリート・レスリング) の略で、2019年に発足したアメリカのプロレス団体。豊富な資金力を武器に大物選手と続々と契約するなど、早くもWWEに次ぐ全米2位の規模となっています。

所属選手は
P.82~85に
掲載!

毎週3つのレギュラー番組が放送中!

AEW Dynamite
(ダイナマイト「爆薬」)

AEWのメイン番組(2時間放送)で、試合からマイクまで盛りだくさん。新加入、裏切りなどのユニット抗争からストーリーが大きく動くことも多く、何でもアリのAEWの魅力が詰まった番組です。

AEW Rampage
(ランペイジ「騒乱」)

試合を中心とした番組(1時間放送)で、毎回4試合前後を収録。Dynamiteと同じ会場で毎週開催地が変わるため、地元で活躍する選手が抜擢されることも多いです。解説席にはChris Jerichoも参加。

AEW Collision
(コリジョン「衝突」)

2023年6月に放送開始となった第3の番組(2時間放送)。スタート時の主役だったCM PUNKが8月にAEWをまさかの退団!3本勝負やオールスター戦が行われることもあり、じっくり試合を観たい方にオススメです。

AEW×NJPW

Forbidden Door 「禁断の扉」

AEWと新日本プロレスが合同で開催するプロレス興行。2022年6月にはアメリカ、2023年6月にはカナダで開催され、チケットは毎年ソールドアウトの大人気! 各団体のタイトルマッチが行われ、本戦前にYouTube配信されるZero Hourから豪華です。

日本語実況チーム

3つのレギュラー放送は「NJPW WORLD」にて英語&日本語実況の両方で視聴可能! 日本語実況チームは、村田晴郎さん、元井美貴さん、エル・デスペラード選手の3名です。

CMLL入門

CMLLとは？

CMLL は、Consejo Mundial de Lucha Libre の略で、直訳すると「世界ルチャリブレ評議会」。1933年にメキシコで発足した世界最古のプロレス団体です。2009年に新日本プロレスと正式に業務提携を締結し、多くの選手の海外修行先、遠征先となっています。

所属選手は
P.86〜89に
掲載！

週5回、定期興行を実施！

日本のプロレス団体のように全国を巡業で回るのではなく、毎週、自社所有の「アレナ・メヒコ」「アレナ・コリセオ」などの会場で興行を開催しています。定期戦の他には、毎年9月に実施される年間最大の興行である Aniversario（アニベルサリオ）などがあります。

Domingo	［日曜日］	●アレナ・メヒコ大会　17:00〜
Lunes	［月曜日］	●アレナ・プエブラ大会　20:00〜
Martes	［火曜日］	●アレナ・メヒコ大会　19:30〜 ●アレナ・コリセオ・デ・グアダラハラ大会　20:00〜／21:00〜
Miércoles	［水曜日］	●情報番組「CMLL インフォルマ」16:00〜 ※CMLL の YouTube チャンネル（@ VideosOficialesCMLL）で視聴可能。
Jueves	［木曜日］	Descanso（休息日）
Viernes	［金曜日］	●アレナ・メヒコ大会（メインストーリー）20:30〜 ※新日本プロレスの YouTube チャンネル（@ NJPW）＆ 新日本プロレスワールドで視聴可能。CMLL の有料配信も
Sábado	［土曜日］	●アレナ・コリセオ大会　19:30〜

CMLL×NJPW

CMLL FANTASTICA MANIA

毎年2月頃（コロナ前は1月）に開催される新日本プロレスとCMLLの合同興行で、CMLLの人気ルチャドールが大挙して来日。いつもの新日本プロレスのリングとは一味違う、明るく楽しいルチャ・リブレの魅力が全開となる人気の祭典です。

NJPW FANTASTICA MANIA México 2023
アレナメヒコ大会 現地レポート

2023年6月に実施されたファンタスティカマニア初のメキシコ大会。
現地に足を運ばれた元井美貴さんのレポートをお届けします！

会場内にはスポーツバーがあり、選手名にちなんだカクテルもあります。

OKUMURA選手とDOUKI選手の和製ルードタッグ。

入場の花道はリングと繋がっています。edecán（「助手」の意味）と呼ばれるダンサーさんも華やかです。

Titán選手の地元グアダラハラの会場までは、メキシコシティから飛行機で90分ほど。壁の絵が名物です。

お客さまのスマホライトでリングを照らす演出が綺麗でした！リングで待ち構えるのは内藤選手。

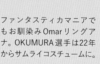

「情報番組 Informa」での一コマ。エル・デスペラード選手を相手にデビューしたマスカラ・ドラダ選手。

ファンタスティカマニアでもお馴染みOmarリングアナ。OKUMURA選手は22年からサムライコスチュームに。

年間1200試合以上を実況するアナウンサー
村田晴郎さんの心に残る試合3選

プロレス実況アナウンサーの村田晴郎です。ネット配信全盛のプロレス中継で、以前と比べて海外との距離が近くなったと実感しております。語学力はプロレスをより楽しむ助けになるので、この本を読んで頑張ってください！

❶ タッグマッチの奥深さがわかる一戦

2022年11月5日エディオンアリーナ大阪
IWGPタッグ選手権試合
FTR（王者組）vsグレート-O-カーン＆ジェフ・コブ（挑戦者組）

タッグマッチはシングルマッチよりも難しいと言われます。「1＋1＝2だが、チームワークを高めれば10になるし、ダメならマイナスになってしまう。単純な足し算じゃないんだ」という言葉があるくらい。

その言葉通り成熟したタッグチーム同士の試合はとても見応えのあるものとなります。勝敗には必ず理由があり、その理由となるポイントを見逃さず伝えていくのも私の仕事のひとつです。

試合中の些細なことが積み重なり、それが徐々に差となって結果に繋がる。ミラノさんと棚橋選手の解説込めて、その過程をじっくり見てほしいです。タッグマッチの面白さ、難しさ、奥深さを感じてもらえれば嬉しいです。

❷ どちらにも勝ってほしい、
　そんな気持ちにさせられる戦い

2023年5月26日東京・国立代々木競技場第二体育館
『BEST OF THE SUPER Jr.30』準決勝
エル・デスペラードvsティタン

「どちらにも勝ってほしい」「どっちも負けてほしくない」という悩ましい試合。

デスペラード選手は名実ともにジュニア戦士のトップ選手。しかしリーグ戦優勝だけがどうしても手に入らない。彼にとって優勝は悲願だ。ティタン選手はメキシコCMLLのトップ選手。そんな立場ながらも母国を離れ単身来日。腰を据えて新日本プロレスでジュニアの頂点を目指す熱い男。

実況しながら「自分はどちらに勝ってほしいんだ？」と葛藤してしまった試合。仕事でそんな感情になることは滅多にないのに。最終的には「もうどっちも頑張ってくれ！」という気持ちに。おそらく観客も、解説のミラノさんも同じ気持ちになっていたと思われます。とにかく熱い試合です。

❸ 英語で楽しむアメリカのプロレス

2023年3月31日（現地時間）
アメリカ・カリフォルニア州ロサンゼルス
ROH Honor Club　棚橋弘至vsダニエル・ガルシア

絶対的ベビーフェイス、棚橋弘至選手とどこか憎めない若きヒール、ダニエル・ガルシア選手。善悪がくっきりと別れていて予備知識無しで楽しめる分かりやすい試合です。日本とアメリカでのプロレスの味付けの違いも楽しめます。

この試合は、現地の英語実況がそのまま収録されています。言葉選び、リズムなど日本語実況と聞き比べると面白いと思います。

村田晴郎 Haruo Murata

実況アナウンサー、ナレータ、MC。新日本プロレスをはじめ、全日本プロレス、DDTプロレスリング、AEW、CMLLなど国内外のさまざまなプロレス団体の実況を担当。

Chapter 2
バイリンガル版
選手名鑑2023

「新日本プロレス」に参戦中の人気選手はもちろんのこと、
「NJPW STRONG」、「AEW」、「CMLL」の所属選手まで、何と総勢112名を掲載!
語学、海外に関するオリジナルアンケート付きです。

※名鑑内のデータは2023年11月19日現在のものです。

World Map with Wrestlers 2023

外国人レスラー出身国MAP 2023

世界中の人気レスラーが集結しているのが、現在の新日本プロレスのリング。
ここでは新日本プロレス、NJPW STRONG参戦選手の出身国を分布図にして紹介します。
左下ページには、さまざまな国の挨拶表現を掲載。
英語圏以外の出身国選手とのコミュニケーションにお役立てください！

※選手名の後ろの丸数字は選手名鑑での掲載番号です。

Drilla Moloney ㊺
Will Ospreay (56)
Zack Sabre Jr. (63)
UK
Gabe Kidd ㊼
Callum Newman (62)
Kazakhstan
Boltin Oleg (72)
Italy
Francesco Akira (59)
Germany
David Finlay ㊸
Oskar Leube (71)
Australia
Shane Haste (65)
Mikey Nicholls (66)
Robbie Eagles (67)

世界の「こんにちは」

- ドイツ語▶Guten tag（グーテン・ターク）
- イタリア語▶Ciao（チャオ）
- マオリ語▶Ahi ahi pai（アヒ アヒ パイ）
- ハワイ語▶Aloha（アロハ）
- トンガ語▶Malei（マレイ）
- カザフ語▶Сәлем（サリューム）
- スペイン語▶Buenas tardes（ブエナス・タルデス）

Kevin Knight ⑭
Tom Lawlor (73)
Lio Lush ㉕
JR Kratos (74)
Canada
El Phantasmo ⑱
Clark Connors ㊹
Royce Isaacs (75)
Alex Coughlin ㊻
Jorel Nelson (76)
Chase Owens ㊽
Rocky Romero (77)
Ace Austin ㊿
Alex Zayne (78)
TJP (60)
Fred Rosser (79)
USA
Bad Dude Tito (64)
The DKC (80)
Mexico
Titán ㉞
Hawaii
Tanga Loa ⑯
Jeff Cobb (61)
Tama Tonga ⑮
Tonga
Hikuleo ⑰
HENARE (58)
Bad Luck Fale ㊾
New Zealand

Wrestler Directory Guide
選手名鑑の掲載内容

日本語だけではなく、英語やスペイン語表記がセットになったバイリンガル版選手名鑑。
ここでは、日本語訳の補足をはじめ、名鑑の掲載内容を詳しく紹介します。

※⑦の選手アンケートについては14選手のみの掲載となります。

① UNIT（所属ユニット）

選手の所属ユニットを示すアイコンです。

新日本本隊

GREAT BASH HEEL

青義軍

LA DOJO

GUERRILLAS OF DESTINY

CHAOS

STRONG STYLE

LOS INGOBERNABLES de JAPON

BULLET CLUB

HOUSE OF TORTURE

BC WAR DOGS

Just 5 Guys

UNITED EMPIRE

TMDK

TEAM FILTHY

② ORIGINAL CONTENTS（オリジナルコンテンツ）

本書だけのオリジナルコンテンツを示すアイコンです。

 スペシャルインタビューを掲載
（巻頭、Chapter 5）

 解説付きでマイクアピールなどの
過去の名言を掲載（Chapter 4）

③ PERSONAL DATA（選手情報）

身長、体重、デビュー日など、選手の基本情報です。

UNIT	所属ユニット
HEIGHT/WEIGHT	身長/体重
DATE OF BIRTH	生年月日
BIRTHPLACE	出身地
DEBUT	デビュー日

④ INTERNATIONAL EXPERIENCE（海外経験）

アメリカ、メキシコ、イギリスなどへの武者修行、
遠征など、主な海外経験を紹介しています。
（短期間の遠征など、省略しているものもあります）

⑤ BIOGRAPHY（経歴）

新日本プロレスへの参戦時期、獲得タイトル、
最近の動向など、選手のこれまでをまとめた
簡単な経歴を掲載しています。

⑥ FINISH HOLD（必殺技）

各選手の必殺技を写真とテキストで紹介。
英語やスペイン語の技名については、
直訳や関連する表現などもセットで解説しています。

⑦ Q&A（アンケート）

語学や海外に関するオリジナルアンケートを実施！
以下の質問に答えていただきました。

01 これまで試合をしたことがある国を教えてください。

02 思い出に残る海外での試合について
　教えてください。

03 好きな国、水が合う国とその理由を教えてください。

04 苦手な国、水が合わなかった国と
　その理由を教えてください。

05 学生時代、英語は得意でしたか。

06 自己診断でご自身の英語力、
　スペイン語力を教えてください。

07 よく使う外国語フレーズはありますか？

08 オススメの語学勉強法があれば教えてください。

主な海外遠征先

 U.S.A. アメリカ

 MEXICO メキシコ

 U.K. イギリス

 CANADA カナダ

 GERMANY ドイツ

 AUSTRALIA オーストラリア

Wrestler File 01

キャッチコピー&選手名

"The Master of The Century"
（100年に一人の逸材）

Hiroshi Tanahashi

棚橋弘至

PERSONAL DATA

UNIT	NJPW main unit
HEIGHT/WEIGHT	101kg
DATE OF BIRTH	1976
BIRTHPLACE	Gifu, Japan
DEBUT	Oct.10, 1999

INTERNATIONAL EXPERIENCE

MEXICO 2005年8月～2005年9月
※共にIWGPタッグ王座を保持していた中邑真輔と○○○○に遠征。

2010年5月○○
※以降、13○○年連続でCMLLに遠征。

U.S.A. 2008年10月～2008年11月
※TNA（現IMPACT WRESTLING）に遠征。

BIOGRAPHY

立命館大学卒業後の1999年に入門。2000年代後半に苦境に陥っていた新日本を復活させた立役○○○り、不動の大エース。IWGPヘビ○○の歴代最多戴冠記録（8度）を持○○国公開映画の主演などリング内外で大活躍。常にhigh energy「精力的」で、口癖は「生まれてから一度も疲れたことがない」。

FINISH HOLD

High Fly Flow
ハイフライフロー

コーナーポスト最上段から、相手に全体重を浴びせるように○下するダイビングボディプレス。相○○○中や足、場外に向けてダイブ○○○○ある。

Q&A

01	試合をしたことがある国	アメリカ、メキシコ、イギリス、ドイツ、シンガポール、カナダ、オーストラリア、ニュージーランド、台湾
02	思い出に残る海外での試合	メキシコでのアレナ・メヒコのメインイベントで戦ったルーシュ戦。心をポキポキに折られましたが、カンペオン・ウニベルサルのベルトが獲れました。
03	好きな国、水が合う国	アメリカ。食事がタンパク質中心なので、ここで生活をしたら、大きくなれますね。
04	苦手な国、水が合わなかった国	特になし。
05	学生時代の英語	英語は得意でした。ただし、受験英語なので、会話はそんなにできません。聞き取ることはなんとなくできます。
06	自己診断での語学力	英語では自分の意思を伝えることができます。スペイン語はここ数年使っていないので、全く自信がありません。もう一度勉強が必要です。
07	よく使う外国語フレーズ	I get you.（わかった）/ Come again?（もう一度言って?）/ I've never been tired.（疲れたことがない）
08	オススメの語学勉強法	伝えたい言葉、文章を覚える→会話で使ってみる。この繰り返しで、日常で使えるものを増やしていきます。

"The Master of The Century"
（100年に一人の逸材）

Hiroshi Tanahashi

棚橋弘至

PERSONAL DATA

UNIT	NJPW main unit
HEIGHT/WEIGHT	181cm/101kg
DATE OF BIRTH	Nov.13, 1976
BIRTHPLACE	Gifu, Japan
DEBUT	Oct.10, 1999

INTERNATIONAL EXPERIENCE

MEXICO 2005年8月〜2005年9月
※共にIWGPタッグ王座を保持していた中邑真輔とCMLLに遠征。

2010年5月
※以降、13年まで毎年連続でCMLLに遠征。

U.S.A. 2008年10月〜2008年11月
※TNA（現IMPACT WRESTLING）に遠征。

BIOGRAPHY

立命館大学卒業後の1999年に入門。2000年代後半に苦境に陥っていた新日本を復活させた立役者であり、不動の大エース。IWGPヘビー級王座の歴代最多戴冠記録（8度）を持ち、全国公開映画の主演などリング内外で大活躍。常に**high energy**「精力的」で、口癖は「生まれてから一度も疲れたことがない」。

FINISH HOLD

High Fly Flow
ハイフライフロー

コーナーポスト最上段から、相手に全体重を浴びせるように落下するダイビングボディプレス。相手の背中や足、場外に向けてダイブすることもある。

Q&A

01	試合をしたことがある国	アメリカ、メキシコ、イギリス、ドイツ、シンガポール、カナダ、オーストラリア、ニュージーランド、台湾
02	思い出に残る海外での試合	メキシコでのアレナ・メヒコのメインイベントで戦ったルーシュ戦。心をボキボキに折られましたが、カンペオン・ウニベルサルのベルトが獲れました。
03	好きな国、水が合う国	アメリカ。食事がタンパク質中心なので、ここで生活したら、大きくなれますね。
04	苦手な国、水が合わなかった国	特になし。
05	学生時代の英語	英語は得意でした。ただし、受験英語なので、会話はそんなにできません。聞き取ることはなんとなくできます。
06	自己診断での語学力	英語では自分の意思を伝えることができます。スペイン語はここ数年使っていないので、全く自信がありません。もう一度勉強が必要です。
07	よく使う外国語フレーズ	**I get you.**（わかった）/ **Come again?**（もう一度言って?）/ **I've never been tired.**（疲れたことがない）
08	オススメの語学勉強法	伝えたい言葉、文章を覚える→会話で使ってみる。この繰り返しで、日常で使えるものを増やしていきます。

"ROUGHNECK"（ラフネック）

Shota Umino
海野翔太

PERSONAL DATA

UNIT	**NJPW main unit**
HEIGHT/WEIGHT	**183cm/103kg**
DATE OF BIRTH	**Apr.17, 1997**
BIRTHPLACE	**Tokyo, Japan**
DEBUT	**Apr.13, 2017**

INTERNATIONAL EXPERIENCE

U.K. 2019年11月〜2022年10月

BIOGRAPHY

学生時代は野球に10年打ち込み、18歳で入門。若手時代の2019年6月に世界的ビッグネームのジョン・モクスリーと師弟関係をかわす。海外修行をへて22年11月に凱旋を果たし、新日本の次代を担うエース候補として活躍中。入場時に観客席を練り歩き、ファンと触れ合うのが恒例。"令和闘魂三銃士"の一人。

FINISH HOLD

Death Rider
デスライダー

相手の頭部を脇下に抱えながら両腕を捕らえ、勢いよく後方へ倒れ込み脳天からマットに突き刺すダブルアーム式DDT。師匠のジョン・モクスリー直伝。

Q&A

01	試合をしたことがある国	アメリカ、イギリス、オーストラリア
02	思い出に残る海外での試合	オスプレイとのタイトルマッチ
03	好きな国、水が合う国	イギリス：ずっと住んでいたので好きです。
04	苦手な国、水が合わなかった国	特になし
05	学生時代の英語	得意じゃなかったです。
06	自己診断での語学力	全然できません。
07	よく使う外国語フレーズ	**What's up?**（元気?）
08	オススメの語学勉強法	外国人と英語でコミュニケーションをとる。

"Way to the Grand Master"
（ウェイ・トゥ・ザ・グランドマスター）

Master Wato

マスター・ワト

PERSONAL DATA

UNIT	NJPW main unit
HEIGHT/WEIGHT	177cm/87kg
DATE OF BIRTH	Mar.13, 1997
BIRTHPLACE	Osaka, Japan
DEBUT	Jul.11, 2020

INTERNATIONAL EXPERIENCE

2018年2月〜2020年6月

MEXICO

BIOGRAPHY

2020年7月に新日本マットに登場。多彩な蹴りと空中技を武器にジュニア戦線に参入。22年2月に田口隆祐とIWGPジュニアタッグ王座を初戴冠。シングルプレイヤーとしても頭角を表し、23年3月の団体の垣根を越えた『ジュニア夢の祭典』ではメインに抜擢。同年の『BEST OF THE SUPER Jr.』で初優勝を成し遂げた。

FINISH HOLD

Recientemente II

レシエンテメンテ II

相手の右腕をハーフネルソンで捕らえ、持ち上げて後頭部から落としながら相手の左腕を、自分の両足で固定し叩きつける高角度のレシエンテメンテ。

Q&A

01	試合をしたことがある国	メキシコ、アメリカ
02	思い出に残る海外での試合	CMLL世界スーパーライト級王座決定戦 / カベジェラコントラカベジェラ戦
03	好きな国、水が合う国	メキシコ：のんびりしてるところ
04	苦手な国、水が合わなかった国	なし
05	学生時代の英語	得意な方ではありました。
06	自己診断での語学力	少し会話ができるぐらいです。
07	よく使う外国語フレーズ	なし
08	オススメの語学勉強法	会話をする。

"The Strongest Arm"(剛腕)

Satoshi Kojima

小島 聡

PERSONAL DATA

UNIT	NJPW main unit
HEIGHT/WEIGHT	183cm/108kg
DATE OF BIRTH	Sep.14, 1970
BIRTHPLACE	Tokyo, Japan
DEBUT	Jul.16, 1991

INTERNATIONAL EXPERIENCE

1994年12月～1996年1月
※この期間にドイツやカナダでも活動。
U.K.

BIOGRAPHY

サラリーマン経験をへて、1991年に入門。2002年に新日本退団後は、全日本プロレスで活躍。05年2月には史上初のIWGPヘビー＆三冠ヘビーのダブル王者に君臨。10年にフリーとして『G1 CLIMAX』を初制覇。11年9月に新日本再入団。大のパン好きで、X上では"Bread Club"として英語で発信。英語圏のファンも多い。

FINISH HOLD

Lariat

ラリアット

ラリアットの元祖であるスタン・ハンセンから直接指導を受けた必殺技で、丸太のような腕を突き上げるように打ち出す。

Q&A

01	試合をしたことがある国	アメリカ、カナダ、イギリス、ドイツ、オーストリア、台湾、香港、メキシコ
02	思い出に残る海外での試合	初めての海外遠征でのヨーロッパ（イギリスやドイツ）は、今のように何でもインターネットで調べられる時代になる遥か前（1995年）だったので、苦労が絶えない印象でした。
03	好きな国、水が合う国	アメリカ：やはり、本場というか、お客さんのノリとか空気感が好きです。 メキシコ：独特の空気感があって、良い経験になりました。
04	苦手な国、水が合わなかった国	苦手だと思った国はありません。どの国も、そこにいれば好きになりました。
05	学生時代の英語	意外と得意だと自分では思っていました！
06	自己診断での語学力	英語はまあまあ分かると思っていたのですが、相手が気を遣わずに普通の速度で話し始めると、ほとんど理解できません（苦笑）。スペイン語はほとんど理解不能です！
07	よく使う外国語フレーズ	**Take it easy!**（気楽にやりなよ！）
08	オススメの語学勉強法	とにかく相手の言葉を聞いて、モノマネでいいので口にしてみる!!

BIOGRAPHY

1996年に入門。長い不遇の時代を過ごすも、2006年に荒々しいファイトを武器にヒールとして覚醒。本間朋晃とのタッグ"G・B・H"はGreat Bash Heelの略で、「最も偉大で凶悪なヒール」を意味する。現在は新日本本隊の重鎮として活躍。さまざまなメディアへの露出も多く、新日本の中でも屈指の一般知名度を持つ。

FINISH HOLD

KIng Kong Knee Drop
キングコングニードロップ

トップロープ最上段から相手の首筋へ片膝を叩き込むダイビングニードロップ。この技で『G1 CLIMAX』制覇、IWGPヘビー級王座戴冠など数々の偉業を果たした。

"The Unchained Gorilla"
（暴走キングコング）

Togi Makabe
真壁刀義

PERSONAL DATA

UNIT	G・B・H
HEIGHT/WEIGHT	181cm/110kg
DATE OF BIRTH	Sep.29, 1972
BIRTHPLACE	Kanagawa, Japan
DEBUT	Feb.15, 1997

INTERNATIONAL EXPERIENCE

CANADA　2001年8月〜2002年9月
※この期間にイギリスやプエルトリコでも活動。

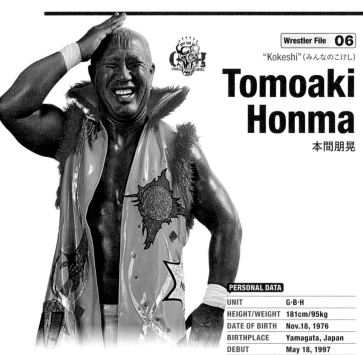

"Kokeshi"（みんなのこけし）

Tomoaki Honma
本間朋晃

BIOGRAPHY

大日本プロレスでデビュー後、全日本プロレスをへて2006年に新日本プロレスに参戦。当初はヒールとしてファンのヒートを買っていたが、現在は誰からも愛される人気レスラーに。真壁刀義とのタッグで15〜16年に『WORLD TAG LEAGUE』を連覇。持ち味の「しわがれ声」は英語でhoarse voice（ホース・ボイス）。

FINISH HOLD

Kokeshi
こけし

横向きから倒れこむような独自のフォームでコーナー上から放たれるダイビングヘッドバット。リング上で繰り出す場合は小こけしと呼ばれる。頭を叩いたら発射の合図。名前の由来は出身地山形の名産品。

PERSONAL DATA

UNIT	G・B・H
HEIGHT/WEIGHT	181cm/95kg
DATE OF BIRTH	Nov.18, 1976
BIRTHPLACE	Yamagata, Japan
DEBUT	May 18, 1997

Wrestler File **07**

"The Wrestler"（ザ・レスラー）

Katsuyori Shibata

柴田勝頼

PERSONAL DATA

UNIT	NJPW main unit
HEIGHT/WEIGHT	183cm/95kg
DATE OF BIRTH	Nov.17, 1979
BIRTHPLACE	Mie, Japan
DEBUT	Oct.10, 1999

INTERNATIONAL EXPERIENCE

 2022年〜
※AEW、ROHに参戦。
U.S.A.

BIOGRAPHY

1999年のデビュー後、棚橋弘至や中邑真輔と共に新・闘魂三銃士として脚光を浴びるも2005年に退団。ビッグマウス・ラウドや総合格闘技をへて、12年8月から新日本に参戦。17年4月のIWGPヘビー級王座戦で負傷し長期欠場に。18年3月、ロサンゼルスに新設されたLA DOJOのヘッドコーチに就任。現在はAEWやROHで活躍。

FINISH HOLD

PK
ペナルティー・キック

助走をつけて相手の胸板を勢いよく蹴りこむ打撃技。スリーパー・ホールドで締め落とし、動きを止めてから放つことが多い。

BIOGRAPHY

1990年に入門。これまで4度のIWGPヘビー戴冠、12度のIWGPタッグ戴冠、3度の『G1 CLIMAX』制覇など輝かしい実績を誇るリビングレジェンド。小島聡とのテンコジタッグは日本マット界のロングセラー。猛牛のように真正面から全身で相手にぶつかる屈強なファイターであり、近年はマスター・ワトのディーバ(?)としても活動。

FINISH HOLD

Anaconda Vice
アナコンダバイス

変形袈裟固め。anacondaは「世界最大のヘビ」、viceには「万力」「力いっぱい締め上げる」という意味がある。アナコンダ・バスターなどの派生技も多い。

Wrestler File **08**

"Wild Bull"（猛牛）

Hiroyoshi Tenzan

天山広吉

PERSONAL DATA

UNIT	NJPW main unit
HEIGHT/WEIGHT	183cm/115kg
DATE OF BIRTH	Mar.23, 1971
BIRTHPLACE	Kyoto, Japan
DEBUT	Jan.11, 1991

INTERNATIONAL EXPERIENCE

1993年6月〜1995年1月
※この期間にドイツやカナダでも活動。
U.K.

レスリングで輝かしい実績を
残し、日本体育大学卒業後に
新日本へ入門。これまで新日
本、全日本プロレス、プロレス
リング・ノアの各団体の最高
峰のシングル王座及びタッグ
王座戴冠、さらにシングルリ
ーグ戦優勝のグランドスラム
を達成。腕固めを極める際に
白目をむくことも。「白目をむ
く」は英語で**roll one's eyes
back**。

"Blue Justice"（ブルージャスティス）

Yuji
Nagata

永田裕志

FINISH HOLD

Nagata Lock II
ナガタロックII

グラウンド式の腕極めフェイス
ロック。相手にギブアップを迫
るナガタロックは全部で6種類
あり、もっとも多用されるのが
ヤングライオン時代から使用
しているII。

PERSONAL DATA

UNIT	Seigigun
HEIGHT/WEIGHT	183cm/108kg
DATE OF BIRTH	Apr.24, 1968
BIRTHPLACE	Chiba, Japan
DEBUT	Sep.14, 1992

INTERNATIONAL EXPERIENCE

1997年2月～1998年7月
U.S.A. ※当時の新日本の提携団体WCWで
修行。

"Funky Weapon"（ファンキー・ウエポン）

Ryusuke
Taguchi

田口隆祐

BIOGRAPHY

2002年に入門。近年はタグチ
ジャパン監督としてコミカルフ
ァイトで会場を沸かせること
が多いが、これまでIWGPジュ
ニアヘビー戴冠、『BEST OF
THE SUPER Jr.』優勝、プロレ
ス大賞年間試合賞受賞など
数々の実績を誇る。いまでも年
に数回、シリアスモードを発動。
生粋のエンターテイナーであ
り道標明名義でCDも発売。

FINISH HOLD

Dodon
どどん

背後から相手の両腕を捕らえ、
持ち上げて一旦制止したら腕
のフックを外し、開脚ジャンプ
しながら顔面からマットに叩
きつける。名前の由来は自身
が通う丼屋の店名。

PERSONAL DATA

UNIT	NJPW main unit
HEIGHT/WEIGHT	180cm/91kg
DATE OF BIRTH	Apr.15, 1979
BIRTHPLACE	Miyagi, Japan
DEBUT	Nov.22, 2002

INTERNATIONAL EXPERIENCE

MEXICO 2005年2月～2005年10月

Wrestler File **11**

"4th Generation Hero"（黄金の虎4代目）

Tiger Mask
タイガーマスク

PERSONAL DATA

UNIT	NJPW main unit
HEIGHT/WEIGHT	173cm/85kg
DATE OF BIRTH	Oct.20
BIRTHPLACE	unknown
DEBUT	Jul.15, 1995

INTERNATIONAL EXPERIENCE

🇬🇧 1999年4月
U.K.

🇺🇸 2007年5月
U.S.A.

🇲🇽 2009年5月
MEXICO

BIOGRAPHY

初代タイガーマスクこと佐山聡から直接指導を受けた正真正銘の血統者。みちのくプロレスをへて、2002年に新日本プロレスに入団。IWGPジュニアヘビー級王座は6度戴冠し、04〜05年に『BEST OF THE SUPER Jr.』を連覇したジュニアのリビングレジェンド。SNSではマスクをかぶった「チビ虎」が登場するなど子煩悩な一面も。

FINISH HOLD

Tiger Driver
タイガードライバー

相手をリバースフルネルソンで持ち上げ、マットに叩きつけるシットダウン式パワーボム。タイガースープレックスと並ぶ2大必殺技。

BIOGRAPHY

1988年にTPG（たけしプロレス軍団）の入団テストに合格。外道とさまざまなインディーマットを渡り歩き、2001年より新日本に参戦。過去にはIWGPジュニアヘビーやIWGPジュニアタッグを戴冠。heatは「観客の興奮、罵倒」、Master Heaterで「観客をイラっとさせる天才」といった意味。現在はG.o.Dとして新日本本隊と共闘。

FINISH HOLD

Cross Face of Jado
クロスフェイス・オブ・JADO

うつ伏せ状態の相手の片腕を足でロックし、フェイスロックで締め上げる関節技。技名に自身の名を冠するほどこだわりを持つ。

Wrestler File **12**

"Master Heater"（マスターヒーター）

Jado
邪道

PERSONAL DATA

UNIT	GUERRILLAS OF DESTINY
HEIGHT/WEIGHT	178cm/91kg
DATE OF BIRTH	Sep.28, 1968
BIRTHPLACE	Tokyo, Japan
DEBUT	Mar.19, 1989

INTERNATIONAL EXPERIENCE

1991年4月〜1991年11月
MEXICO

"Time Splitter"（タイムスプリッター）

KUSHIDA

KUSHIDA

BIOGRAPHY

メキシコでデビュー後、ハッスルやSMASHをへて2011年4月に新日本に移籍。14年7月にIWGPジュニアヘビー＆IWGPジュニアタッグの二冠王に。『BEST OF THE SUPER Jr.』や『SUPER J-CUP』も制しジュニア戦線を牽引。19年4月からはWWEに所属し、22年6月に新日本復帰。現在もアメリカに住居を構え、LA DOJOで指導も行っている。

FINISH HOLD

Hoverboard Lock

ホバーボードロック

空中で相手の左腕を捕らえ、そのまま極めるダブルリストロック。技名の由来は自身が大好きな映画『バック・トゥ・ザ・フューチャー PART2』に登場するホバーボード。

PERSONAL DATA

UNIT	NJPW main unit
HEIGHT/WEIGHT	175cm/85kg
DATE OF BIRTH	May 12, 1983
BIRTHPLACE	Tokyo, Japan
DEBUT	Sep.18, 2005

INTERNATIONAL EXPERIENCE

MEXICO 2009年4月〜2010年3月
※この期間にカナダやアメリカでも活動。

U.S.A. 2019年4月〜2022年4月
※WWE・NXTで活動

"The Jet"（ザ・ジェット）

Kevin Knight

ケビン・ナイト

LADOJO

BIOGRAPHY

2019年にアメリカでデビューし、20年7月にLA DOJOに入門。『NJPW STRONG』（アメリカ発の新日本の番組）でキャリアを積み、22年11月にKUSHIDAとタッグを結成し『SUPER Jr. TAG LEAGUE』に出場。23年4月にはIWGPジュニアタッグを戴冠。"The Jet"にふさわしい抜群の跳躍力から織り成す空中技で、観る者の度肝を抜く。

FINISH HOLD

Spike DDT

スパイクDDT

助走をつけて相手に勢いよく飛びつき、反動をつけながら頭部を突き刺す振り子式DDT。KUSHIDAとの合体バージョンの技名はカルチャークラッシュ。

PERSONAL DATA

UNIT	LA DOJO
HEIGHT/WEIGHT	183cm/91kg
DATE OF BIRTH	Jan.1, 1997
BIRTHPLACE	Brooklyn, USA
DEBUT	Aug.2, 2019

Tama Tonga

タマ・トンガ

BIOGRAPHY

父はレジェンドレスラーのキング・ハク。2010年に新日本プロレスに初来日し道場生活も経験。13年にプリンス・デヴィットやバッドラック・ファレらとBULLET CLUBを結成。弟であるタンガ・ロアと共にIWGPタッグ王座を歴代最多となる7回戴冠。23年3月にBULLET CLUBを追放され、現在は新日本本隊と共闘する。

FINISH HOLD

Gun Stun
ガン・スタン

ジャンプしながら相手の頭部を両手で捕らえ、そのまま前方に顔面付近から打ちつける。かつての仲間であるカール・アンダーソンの必殺技を受け継いだ。

PERSONAL DATA

UNIT	GUERRILLAS OF DESTINY
HEIGHT/WEIGHT	183cm/100kg
DATE OF BIRTH	Oct.15, 1982
BIRTHPLACE	Nuku'alofa, Tonga
DEBUT	2008

BIOGRAPHY

2016年3月に新日本プロレスに初参戦し、兄のタマ・トンガとGUERRILLAS OF DESTINY（ゲリラズ・オブ・デスティニー）を結成。GUERRILLAには「自由で制約のない戦い」という意味がある。兄弟ならでは息の合ったコンビネーションで長らくタッグ戦線を席巻。父キング・ハク譲りのパワーに加え、アクロバティックな動きもこなす。

FINISH HOLD

Apeshit
エイプシット

一気に肩まで担ぎ上げた相手を、リバース・パイルドライバーの要領で、開脚しながらマットに脳天から突き刺す技。go apeshitで「怒り狂う」という意味がある。

"The Sliverback"（ザ・シルバーバック）

Tanga Loa

タンガ・ロア

PERSONAL DATA

UNIT	GUERRILLAS OF DESTINY
HEIGHT/WEIGHT	186cm/109kg
DATE OF BIRTH	May 7, 1983
BIRTHPLACE	Hawaii, USA
DEBUT	2008

Hikuleo
ヒクレオ

父がレジェンドレスラーのキング・ハク、兄がタマ・トンガとタンガ・ロアという名門の出身で、2016年にニュージーランドでデビューし、17年9月にBULLET CLUBに加入。22年9月にG.o.D入りを果たす。巨体から繰り出すダイナミックな攻撃を持ち味とし、23年の『G1 CLIMAX』では初出場ながら決勝トーナメントに進出。

FINISH HOLD

Godsend
ゴッドセンド

相手の首を大きな右手で捕らえ、左手を腰に当てたら一気に高く持ち上げ、後頭部から背中にかけてマットに力任せに叩きつける。2mの長身から繰り出される破壊力抜群のチョークスラム。

PERSONAL DATA

UNIT	GUERRILLAS OF DESTINY
HEIGHT/WEIGHT	203cm/123kg
DATE OF BIRTH	Feb.7, 1991
BIRTHPLACE	Tonga
DEBUT	Nov.12, 2016

"The Headbanga"（ザ・ヘッドバンガ）

El Phantasmo
エル・ファンタズモ

BIOGRAPHY

2005年にカナダでデビュー。19年5月、BULLET CLUBの新メンバーとして新日本プロレスに初参戦。ハイレベルな運動能力と姑息なインサイドワークでジュニア戦線をかき乱す。19～20年には『SUPER J-CUP』二連覇を達成。22年7月からヘビー級に転向。23年4月にBULLET CLUBを追われ、現在はG.o.Dのメンバーとして活動。

FINISH HOLD

CRII

相手の両腕を巻き込んで胴体をクラッチし、そのまま逆さに持ち上げて前方に叩きつける。Canadian Revolution IIの略であり、そのオリジナルはミラノコレクションA.T.のIR II（Itarian Revolution II）。

PERSONAL DATA

UNIT	GUERRILLAS OF DESTINY
HEIGHT/WEIGHT	188cm/92kg
DATE OF BIRTH	Oct.24, 1986
BIRTHPLACE	Vancouver, Canada
DEBUT	Oct.30, 2005

"Rainmaker"（レインメーカー）

Kazuchika Okada

オカダ・カズチカ

PERSONAL DATA

UNIT	**CHAOS**
HEIGHT/WEIGHT	**191cm/107kg**
DATE OF BIRTH	**Nov.8, 1987**
BIRTHPLACE	**Aichi, Japan**
DEBUT	**Aug.29, 2004**

INTERNATIONAL EXPERIENCE

MEXICO 2003年10月〜2007年7月
※メキシコを拠点とし、アメリカ、イタリア、日本などさまざまな国で試合を行う。

U.S.A. 2010年2月〜2011年12月
※TNA（現IMPACT WRESTLING）で海外武者修行。

BIOGRAPHY

中学時代は陸上部で100メートルを11秒台で走る抜群の運動神経を誇る。中学卒業後15歳で闘龍門に入門し、2007年に新日本に移籍。12年の凱旋帰国以降、トップ戦線で活躍を続ける。キャッチフレーズのRainmakerとは「カネの雨を降らせる男」。IWGP世界ヘビー級王座を2度戴冠。

FINISH HOLD

Rainmaker

レインメーカー

背後から左手で相手の右腕を引っ張り、身体を振り向かせた瞬間に自身の右腕を喉元に叩きつける。この技で多くの栄冠をつかみとってきた。

Q&A

01	試合をしたことがある国	アメリカ、カナダ、メキシコ、シンガポール、イタリア、イギリス
02	思い出に残る海外での試合	イタリアでの試合会場がビーチで、ボートで入場して、砂浜を歩いてリングに行った。控室はクルーズ船だった。
03	好きな国、水が合う国	メキシコ：タコスが美味しい。
04	苦手な国、水が合わなかった国	メキシコ：怖い。
05	学生時代の英語	プロレスのビデオを買ってもらう為に勉強はしっかりしたので得意でした。
06	自己診断での語学力	挨拶程度。
07	よく使う外国語フレーズ	**Hi, how are you?**（元気?）
08	オススメの語学勉強法	辞書を持って歩いて色々な人と話す。

"STONE PITBULL" (ストーンピットブル)

Tomohiro Ishii

石井智宏

CHAOS

PERSONAL DATA

UNIT	CHAOS
HEIGHT/WEIGHT	170cm/100kg
DATE OF BIRTH	Dec.10, 1975
BIRTHPLACE	Kanagawa, Japan
DEBUT	Nov.2, 1996

INTERNATIONAL EXPERIENCE

 MEXICO 2013年9月

🇬🇧 **U.K.** 2015年6月、2018年8月

🇺🇸 **U.S.A.** 2021年11月
※AEW初参戦。以降、定期的に同マットに出場。

BIOGRAPHY

1996年に天龍源一郎が率いるWARに入門。その後フリーをへて、長州力に弟子入り。WJプロレスで活動したのち、2006年に新日本プロレスに参戦。09年からCHAOSとして活動。直線的な真っ向勝負が基本スタイルだが、バリエーション豊かな切り返しも得意とし、どんな相手とでも名勝負を生み出す。pit bullは「中型の闘犬」。

FINISH HOLD

Vertical Drop Brainbuster

垂直落下式ブレーンバスター

相手の首を左腕で巻き込んで固定し、右腕でタイツをつかみ一気に持ち上げて頭部からマットに垂直に突き刺す。verticalは「垂直」の意味。

Q&A

01	試合をしたことがある国	アメリカ、イギリス、カナダ、メキシコ、オーストラリア、タイ、台湾、韓国
02	思い出に残る海外での試合	毎回。試合というより、試合以外で毎回、なんらかのトラブルが発生する。
03	好きな国、水が合う国	LA：日本食のレストラン、スーパーが多い。
04	苦手な国、水が合わなかった国	メキシコ：国というより、アイツが嫌い。
05	学生時代の英語	苦手。
06	自己診断での語学力	英語：わからない。スペイン語：まったくわからない。日本語で押し通す。
07	よく使う外国語フレーズ	**Do you have~?** (〜はある?)
08	オススメの語学勉強法	俺が教えて欲しい。

"DIRECT DRIVE"
（ダイレクトドライブ）

YOH
YOH

CHAOS

PERSONAL DATA

UNIT	*CHAOS*
HEIGHT/WEIGHT	**171.5cm/85kg**
DATE OF BIRTH	**Jun.25, 1988**
BIRTHPLACE	**Miyagi, Japan**
DEBUT	**Nov.19, 2012**

INTERNATIONAL EXPERIENCE

MEXICO 2016年1月～2016年9月

U.S.A. 2016年9月～2017年10月

BIOGRAPHY

2012年に入門。メキシコ、アメリカでの海外修行をへて、17年10月にロッキー・ロメロがプロデュースした「ROPPONGI 3K」として、同期のSHOとともに凱旋帰国。以降、IWGPジュニアタッグを5回戴冠。しかし、21年8月にSHOに裏切られ決別。22年にはリオ・ラッシュとのタッグで『SUPER Jr. TAG LEAGUE』を制覇した。

FINISH HOLD

Direct Drive
ダイレクトドライブ

相手の両腕をリバースフルネルソンの体勢で捕らえ一気に持ち上げたら、ひねりを加えながら相手を頭頂部からマットに落とす。

Q&A

01	試合をしたことがある国	台湾、タイ、シンガポール、メキシコ、カナダ、アメリカ、イギリス
02	思い出に残る海外での試合	メキシコで野良犬が数匹いる野外の会場で試合をしたことです。
03	好きな国、水が合う国	台湾：住みたいくらいです。
04	苦手な国、水が合わなかった国	今のところ、苦手な国はないです。
05	学生時代の英語	得意ではありません。
06	自己診断での語学力	挨拶程度です。
07	よく使う外国語フレーズ	**BAD CHILD**（バッド・チャイルド）
08	オススメの語学勉強法	ひたすら外国人と会話する。

"The Fierce Warrior"
（混沌の荒武者）

Hirooki Goto

後藤洋央紀

CHAOS

BIOGRAPHY

同級生の柴田勝頼とともに高校時代はレスリングで活躍。デビュー当時はジュニアだったが、2007年8月にメキシコ修行から凱旋帰国を果たすとヘビー級に転向。08年に『G1 CLIMAX』初出場初優勝の快挙。16年3月にCHAOSに加入。これまで『NEW JAPAN CUP』3度、『WORLD TAG LEAGUE』で4度優勝。そのほかさまざまなベルトを戴冠してきた。

FINISH HOLD

GTR

背後から相手の首を左腕で捕獲し、右腕を振り下ろすと同時に自身の右ヒザに叩きつける。リバース式など派生技も多数。

PERSONAL DATA

UNIT	CHAOS
HEIGHT/WEIGHT	182cm/103kg
DATE OF BIRTH	Jun.25, 1979
BIRTHPLACE	Mie, Japan
DEBUT	Jul.6, 2003

INTERNATIONAL EXPERIENCE

2006年4月

2006年8月〜2007年8月
MEXICO

"HEAD HUNTER"（ヘッドハンター）

YOSHI-HASHI

YOSHI-HASHI

CHAOS

PERSONAL DATA

UNIT	CHAOS
HEIGHT/WEIGHT	180cm/102kg
DATE OF BIRTH	May 25, 1982
BIRTHPLACE	Aichi, Japan
DEBUT	Jul.6, 2008

INTERNATIONAL EXPERIENCE

2010年6月〜2011年12月
MEXICO

BIOGRAPHY

アニマル浜口ジム出身で、2007年に入門。メキシコ修行をへて、12年の凱旋帰国と同時にヘビー級に転向し、CHAOSに加入。20年8月、NEVER無差別級6人タッグ王座を後藤洋央紀、石井智宏とともに獲得。21〜22年に後藤と『WORLD TAG LEAGUE』連覇を達成。23年6月には後藤とIWGP&STRONGのタッグ二冠王に。HEAD HUNTERは「首を狩る者」という意味。

FINISH HOLD

ITADAKIGARI

頂狩

相手の肩に飛び乗り、その両腕を自身の右腕と右足を使ってクラッチ。そして横回転して勢いをつけながら後頭部をマットに叩きつける。

Wrestler File **24**
"Production Genius"
（敏腕プロデューサー）

Toru Yano
矢野 通

BIOGRAPHY

日本大学レスリング部で輝かしい実績を収めたのち、2002年に入門。09年4月に中邑真輔と結託しCHAOSを結成。現在は相手を翻弄する奇想天外な"YTR殺法"で存在感を示す。YouTuber、観光大使、敏腕プロデューサーなど肩書が非常に多い。水道橋でスポーツバー「EBRIETAS」を経営。入場曲のintoxicationは「酩酊」という意味。

FINISH HOLD
Uragasumi
裏霞

相手の首を抱え、前方に回転させて丸め込む変形の首固め。急所攻撃とセットで繰り出すことも多い。技名の由来は日本酒の銘柄。

PERSONAL DATA

UNIT	CHAOS
HEIGHT/WEIGHT	186cm/115kg
DATE OF BIRTH	May 18, 1978
BIRTHPLACE	Tokyo, Japan
DEBUT	May 18, 2002

INTERNATIONAL EXPERIENCE

🇺🇸 2005年2月〜5月
U.S.A.

🇩🇪 2005年10月
GERMANY

BIOGRAPHY

2014年にアメリカのインディー団体でデビューし、17年にはWWEと契約。19年10月にNXTクルーザー級王座を獲得。20年の退団以降は、『NJPW STRONG』やAEW、IMPACT WRESTLINGなどで活躍。22年の『SUPER Jr. TAG LEAGUE』ではYOHとのタッグで優勝。スピーディーなファイトで世界に名を轟かせるジュニア戦士。

FINISH HOLD
Final Hour
ファイナルアワー

リング中央で仰向け状態の相手に対し、コーナー最上段から勢いよく放つ開脚屈伸式のダイビング・ボディプレス。以前はドラゴンコールという技名で使用していた。

Wrestler File **25**
"The Bad Child"（ザ・バッド・チャイルド）

Lio Lush
リオ・ラッシュ

PERSONAL DATA

UNIT	CHAOS
HEIGHT/WEIGHT	173cm/72.5kg
DATE OF BIRTH	Nov.11, 1994
BIRTHPLACE	Washington, USA
DEBUT	Oct.11, 2014

"SON OF STRONG STYLE"
（ストロングスタイルの申し子）

Ren Narita
成田 蓮

STRONG STYLE

UNIT	STRONG STYLE
HEIGHT/WEIGHT	183cm/100kg
DATE OF BIRTH	Nov 29, 1997
BIRTHPLACE	Aomori, Japan
DEBUT	Jul 4, 2017

INTERNATIONAL EXPERIENCE

 2019年9月〜2022年10月
U.S.A.

BIOGRAPHY

2016年に入門。19年9月に柴田勝頼に
LA DOJO入りを直訴し、海外修行に出
発。22年の東京ドームでは柴田の復帰戦
の相手を務める。同年10月に凱旋帰国を
果たし、23年2月に鈴木みのる&エル・デ
スペラードとともにNEVER無差別級6人
タッグを初戴冠すると共に、新ユニット
"STRONG STYLE"を始動。令和闘魂三
銃士の一角。

FINISH HOLD

Front Suplex Hold
フロントスープレックス
ホールド

相手の脇下に両腕を差し込み抱え上げ、
ブリッジしながら叩きつける投げ技。柔
軟な身体から繰り出される成田のスープ
レックスは芸術的な美しさ。

Q&A

01	試合をした ことがある国	アメリカ、メキシコ、イギリス、アイルランド
02	思い出に残る 海外での試合	アイルランドでの試合。試合開始20分くらい前に到着し、急いでコスチュームに着替えてリングにあがったら、まさかのタイトルマッチだった。
03	好きな国、 水が合う国	アメリカ（ロサンゼルス）：ロサンゼルスの気候が最高。全然移住したいと思える。ただ、物価は高いです。
04	苦手な国、 水が合わ なかった国	特にはありません。多分どこでも大丈夫だと思います。
05	学生時代の 英語	大の苦手です。
06	自己診断での 語学力	スペイン語力は全くありません。英語はなんとか日常会話はできています。
07	よく使う 外国語フレーズ	How are you?（元気？）
08	オススメの 語学勉強法	難しいかとは思いますが、実際に行きたい国に行って、現地の人と話す。

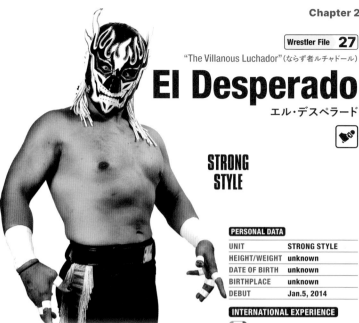

"The Villanous Luchador"（ならず者ルチャドール）

El Desperado
エル・デスペラード

STRONG STYLE

BIOGRAPHY

経歴不明のマスクマン。2014年の1.4東京ドームで初登場。同年7月に鈴木軍に加入し、金丸義信とともにIWGPジュニアタッグを4度戴冠。21年2月にはIWGPジュニアヘビーを初奪取。23年2月のSTRONG STYLE結成に参画。デスマッチにも果敢に挑む姿や、胸に訴えかけるようなマイクアピールでファンの人気を博す。

FINISH HOLD

Pinche Loco
ピンチェ・ロコ

相手をリバース・フルネルソンから持ち上げ、旋回しながら開脚ジャンプし顔面から上半身を叩きつける。Pinche Locoはスペイン語で「クソキチ○イ」の意味。

PERSONAL DATA

UNIT	STRONG STYLE
HEIGHT/WEIGHT	unknown
DATE OF BIRTH	unknown
BIRTHPLACE	unknown
DEBUT	Jan.5, 2014

INTERNATIONAL EXPERIENCE

MEXICO ?～2014年1月、2023年6月

BIOGRAPHY

1987年に新日本に入門。その後は第二次UWF、藤原組をへて1993年に船木誠勝らとパンクラスを旗揚げ。2003年に新日本に参戦し、その後はさまざまな団体で活躍。11年5月にはタイチやTAKAみちのくと鈴木軍を結成。23年2月からはSTRONG STYLEを始動。"プロレス王"の異名を持ち、日本にとどまらず世界各国で暴れまわる。

FINISH HOLD

Gotch-style Piledriver
ゴッチ式パイルドライバー

相手の股を両腕でクラッチし、頭から突き刺す変形パイルドライバー。鈴木も師事した"プロレスの神様"カール・ゴッチの考案。

STRONG STYLE

"The King"
（プロレス王）

Minoru Suzuki
鈴木みのる

PERSONAL DATA

UNIT	STRONG STYLE
HEIGHT/WEIGHT	178cm/102kg
DATE OF BIRTH	Jun.17, 1968
BIRTHPLACE	Kanagawa, Japan
DEBUT	Jun.23, 1988

INTERNATIONAL EXPERIENCE

U.S.A. 1992年3月
※現在もフリーとしてアメリカ各地の団体に頻繁に参戦。

AUSTRALIA 2005年6月
※この期間にイギリスやドイツでも活動。

MEXICO 2007年5月

BIOGRAPHY

公開入門テストに合格し2005
年に入門。08年に高橋裕二郎
とNO LIMITを結成し、IWGPジュ
ニア、ヘビーの両タッグ
ベルトを獲得。15年にロス・
インゴベルナブレス・デ・ハ
ポン(L・I・J)を結成。16年に
IWGPヘビー級王座を戴冠し、
人気、実力ともにトップの座を
獲得した。自他ともに認める
新日本マニアで広島カープの
大ファン。

FINISH HOLD
Destino
デスティーノ

相手を支柱に逆上がりのよう
に回転しながら遠心力をつけ、
リバースDDTの形で落下する。
2015年の『G1 CLIMAX』で初
披露。Destinoはスペイン語で
「運命」の意味。

LOS INGOBERNABLES de JAPON

Wrestler File 29

"El Ingobernable"
(制御不能なカリスマ)

Tetsuya Naito

内藤哲也

PERSONAL DATA

UNIT	LOS INGOBERNABLES de JAPON
HEIGHT/WEIGHT	180cm/102kg
DATE OF BIRTH	Jun.22, 1982
BIRTHPLACE	Tokyo, Japan
DEBUT	May 27, 2006

INTERNATIONAL EXPERIENCE

U.S.A.	2009年2月～5月
MEXICO	2009年5月～2009年12月
	2015年5月～2015年6月
	2023年6月

LOS INGOBERNABLES de JAPON

Wrestler File 30

"TIME BOMB"(タイムボム)

Hiromu Takahashi

高橋ヒロム

PERSONAL DATA

UNIT	LOS INGOBERNABLES de JAPON
HEIGHT/WEIGHT	171cm/88kg
DATE OF BIRTH	Dec.4, 1989
BIRTHPLACE	Tokyo, Japan
DEBUT	Aug.24, 2010

INTERNATIONAL EXPERIENCE

U.K.	2013年6月～2014年1月
MEXICO	2014年1月～2016年4月
U.S.A.	2016年4月～2016年10月

BIOGRAPHY

2016年11月に長期の海外
遠征から凱旋し、内藤哲也率
いるL・I・Jに加入。翌年1月、
KUSHIDAを破りIWGPジュニ
アヘビー級王座を初戴冠。20
～22年には『BEST OF THE
SUPER Jr.』三連覇を達成。若
手時代から「IWGPジュニアの
ベルトを巻いたまま、IWGPヘ
ビーのベルトを巻いてゴール
デンタイムで試合をする」と公
言している。

FINISH HOLD
Time Bomb II
タイムボムII

相手を逆さまに担ぎ上げ、サイ
ドに倒れながら後頭部をマッ
トに叩きつける。元技のTIME
BOMBをはじめ複数のバー
ジョンも存在。Time Bombは
「時限爆弾」の意味。

"THE DRAGON"（ザ・ドラゴン）

Shingo Takagi

鷹木信悟

LOS INGOBERNABLES de JAPON

PERSONAL DATA

UNIT	LOS INGOBERNABLES de JAPON
HEIGHT/WEIGHT	178cm/100kg
DATE OF BIRTH	Nov.21, 1982
BIRTHPLACE	Yamanashi, Japan
DEBUT	Oct.3, 2004

INTERNATIONAL EXPERIENCE

 U.S.A. 2005年8月
2006年5月〜2007年4月

 AUSTRALIA 2022年10月

BIOGRAPHY

アニマル浜口道場でトレーニングを積み、2004年にDRAGONGATEでデビュー。エネルギッシュなファイトで早くから頭角を表す。18年にL・I・Jの新メンバーとして新日本に登場。19年にBUSHIとIWGPジュニアタッグを戴冠する。その後、ヘビー級に転向すると、21年6月にはオカダ・カズチカを破りIWGP世界ヘビー級王者に君臨。

FINISH HOLD

Last of the Dragon
ラスト・オブ・ザ・ドラゴン

相手の左手首を股下に通して固定し、両肩に担ぎ上げる。そのまま頭部から落としながら、自身の左足を相手のノド元にフックさせて叩きつける。

Q&A

01	試合をしたことがある国	アメリカ、イギリス、中国、オーストラリア、カナダ、ドイツ、スペイン
02	思い出に残る海外での試合	2009年に行ったドイツ遠征は有意義だった。WXWという団体のトーナメントで優勝したのは若手時代に物凄く自信に繋がった。
03	好きな国、水が合う国	好きな国は断然日本だが、アメリカは色々とイージーかと思う。ハワイは好きです。
04	苦手な国、水が合わなかった国	中国：日本で食べる中華料理とは味が違った。マッサージは良かった。
05	学生時代の英語	得意ではなかった。
06	自己診断での語学力	日常会話には困らない。空港でいつもトラブル になる。毎回、アクション映画に出演してるような気分です。てんやわんや。
07	よく使う外国語フレーズ	**Thank you.**（ありがとう）/ **Que Paso?**（どうしたの？）
08	オススメの語学勉強法	外国人の恋人を作るのが良いかと。

"GENE BLAST"（ジーンブラスト）

Yota Tsuji
辻 陽太

PERSONAL DATA

UNIT	LOS INGOBERNABLES de JAPON
HEIGHT/WEIGHT	182cm/103kg
DATE OF BIRTH	Sep.8, 1993
BIRTHPLACE	Kanagawa, Japan
DEBUT	Apr.10, 2018

INTERNATIONAL EXPERIENCE

U.K. 2021年6月〜2022年11月

MEXICO 2021年8月〜2023年5月

BIOGRAPHY

2017年に入門。21年8月に内藤哲也を相手に壮行試合を行い、海外修行へ。イギリスとメキシコで腕を磨いたのち、23年5月に凱旋帰国。翌6月にL・I・J入りすると、帰国初戦でいきなりSANADAのIWGP世界ヘビー級王座に挑戦。敗れるも多彩な動きで大きなインパクトを残した。『WORLD TAG LEAGUE 2023』にはメキシコ遠征時代の戦友、Zandokan Jr.をパートナーにエントリー。

FINISH HOLD

Gene Blaster
ジーンブラスター

助走を取って相手の腹部に肩から飛びつき、その勢いのままマットに叩きつけるタックル。アメリカンフットボール経験者の辻ならではの大技。

Q&A

01	試合をしたことがある国	イギリス、メキシコ、イタリア、ドイツ、アイルランド
02	思い出に残る海外での試合	メキシコでいい試合をすると観客がお金を投げてくれること。
03	好きな国、水が合う国	イタリア：ご飯が最高に美味しいし、天気が良い。メキシコ：人が優しい 色々とルーズだが、自分もそうなので気楽。ただ、空気とトイレが汚い。
04	苦手な国、水が合わなかった国	エジプト：治安が悪い。衛生環境が良くない。嘘つきが多い。
05	学生時代の英語	得意な方だった。
06	自己診断での語学力	英語：日常生活は問題ない。相手が、こちらがネイティブでないと認識してくれればコミュニケーションも問題ない。スペイン語：挨拶や最低限の単語しかわからない。
07	よく使う外国語フレーズ	**It depends.**（場合による）/ **make sense**（わかった）
08	オススメの語学勉強法	単語を覚えてとにかく喋る。

Wrestler File **33**

"Jet-Black Death Mask"
(漆黒のデスマスク)

BUSHI

BUSHI

LOS INGOBERNABLES
de JAPON

BIOGRAPHY

アニマル浜口ジムから2006年に全日本プロレスに入門し、08年のメキシコ修行からマスクマンに。レンタル移籍をへて、13年に新日本に正式入団。15年11月、長期欠場から復帰すると同時にL・I・Jに加入。毎試合マスクを変え、マスクの素材も自身でメキシコから買い付けている。東京都葛飾区の唐揚げ専門店「丸武商店」のオーナー。

FINISH HOLD

MX
エムエックス

コーナーからジャンプし相手の頭部を捕獲。そのまま後ろに倒れ込み、両膝で衝撃を与える。技名の由来はメキシコの国名コード。

PERSONAL DATA

UNIT	**LOS INGOBERNABLES de JAPON**
HEIGHT/WEIGHT	**172cm/83kg**
DATE OF BIRTH	**Apr.5, 1983**
BIRTHPLACE	**Tokyo, Japan**
DEBUT	**Mar.12, 2007**

INTERNATIONAL EXPERIENCE

MEXICO　2008年11月〜2010年2月
2013年6月、2023年6月

BIOGRAPHY

メキシコでデビュー後、2011年から現在のリングネームで活動。13年1月に新日本初参戦。以降も定期的に来日し華麗なルチャ殺法を披露。19年12月にCMLL世界ウェルター級王座を戴冠。22年10月、L・I・Jに外国人選手として初加入。同年の『SUPER Jr. TAG LEAGUE』にBUSHIと出場。23年の『BEST OF THE SUPER Jr.』で準優勝を果たす。Inmortalは「不死」の意味。

FINISH HOLD

Llave Inmortal
ジャベ・インモルタル

相手の両足を自身の右足で固め、そのままブリッジして両腕で相手の首から顎をつかみ、エビ反り状に引き上げる複合関節技。

Wrestler File **34**

"El Inmortal"
(エル・インモルタル)

Titán

ティタン

CMLL

LOS INGOBERNABLES
de JAPON

PERSONAL DATA

UNIT	**LOS INGOBERNABLES de JAPON**
HEIGHT/WEIGHT	**170cm/85kg**
DATE OF BIRTH	**Oct.15, 1990**
BIRTHPLACE	**Estado de Jalisco, Mexico**
DEBUT	**2008**

"BONE SOLDIER"（ボーンソルジャー）

Taiji Ishimori

石森太二

BULLET CLUB

PERSONAL DATA

UNIT	BULLET CLUB
HEIGHT/WEIGHT	163cm/75kg
DATE OF BIRTH	Feb.10, 1983
BIRTHPLACE	Miyagi, Japan
DEBUT	May 11, 2002

INTERNATIONAL EXPERIENCE

 MEXICO 2002年5月～2004年8月

 U.S.A. 2018年4月

BIOGRAPHY

闘龍門に入門し2002年にメキシコでデビュー。06年からフリーとなり、プロレスリング・ノアを主戦場とする。14年にはGHCジュニアヘビー級王座の最多防衛V10を記録。18年、BULLET CLUBに加入。パワー、スピード、テクニックを兼ね揃え、これまでにIWGPジュニアヘビー級王座とIWGPジュニアタッグ王座をともに3回戴冠。

FINISH HOLD

Bloody Cross

ブラディー・クロス

左腕で相手の首、右腕で相手の左腕を捕らえ高く持ち上げる。そして前方に落としながら、自身の右膝を相手の顔面～胸板に押し当てて衝撃を与える。

Q&A

01	試合をしたことがある国	アメリカ、カナダ、メキシコ、チリ、ペルー、ブラジル、オーストラリア、ニュージーランド、カンボジア、イギリス、ドイツ、アイルランド、オーストリア、オランダ
02	思い出に残る海外での試合	カンボジアはリングがムエタイのリングだったので非常にやりにくかったが、あれはあれで面白かった。
03	好きな国、水が合う国	メキシコ:大体がアバウトな事と自由な時間が流れる感じが好き!タコスが美味い!
04	苦手な国、水が合わなかった国	ない。
05	学生時代の英語	苦手。
06	自己診断での語学力	英語、スペイン語共に単語が少し位でまだまだ勉強中、たまに忘れる。
07	よく使う外国語フレーズ	**Thank you!**（ありがとう!)
08	オススメの語学勉強法	ガールフレンドを作る。

"Bloody Hands" (ブラッディ・ハンズ)

Gedo
外道

PERSONAL DATA

UNIT	**BC WAR DOGS**
HEIGHT/WEIGHT	**172cm/86kg**
DATE OF BIRTH	**Feb.20, 1969**
BIRTHPLACE	**Tokyo, Japan**
DEBUT	**Mar.19, 1989**

INTERNATIONAL EXPERIENCE

 MEXICO 1991年4月～1991年11月、1993年

BIOGRAPHY

邪道とともにユニバーサル・プロレスリングやWARなど、さまざまな団体を渡り歩き2001年より新日本を主戦場に。12年以降、オカダ・カズチカのマネージャーとして活躍も、18年にジェイ・ホワイトと結託しBULLET CLUBへ加入。23年にデビッド・フィンレーらとBC WAR DOGSを結成。ニックネームの **Bloody Hands** は「血まみれの手」という意味。

FINISH HOLD

Gedo Clutch
外道クラッチ

馬乗りになり、相手の頭部を内側に押し込んで前方回転させながら、自身の両足で相手の肩を押さえる。外道の試合巧者ぶりを象徴する丸め込み技。

Q&A

01	試合をしたことがある国	アメリカ、メキシコ、パナマ、オランダ、イギリス、イタリア、オーストラリア、ニュージーランド、シンガポール、台湾
02	思い出に残る海外での試合	フィラデルフィアでの「邪道&外道 vs ジャスティン・クレディブル&ランス・ストーム」
03	好きな国、水が合う国	イギリス:ロンドンの街が好き。
04	苦手な国、水が合わなかった国	メキシコ:良い思い出がない。
05	学生時代の英語	得意ではないが、興味はあった。
06	自己診断での語学力	英語は旅行に行っても困らない。スペイン語はポキート。
07	よく使う外国語フレーズ	**How are you?**(元気?)
08	オススメの語学勉強法	音楽と映画。

KENTA

KENTA

BULLET CLUB

PERSONAL DATA

UNIT	**BULLET CLUB**
HEIGHT/WEIGHT	**174cm/85kg**
DATE OF BIRTH	**Mar.12, 1981**
BIRTHPLACE	**Saitama, Japan**
DEBUT	**May 24, 2000**

INTERNATIONAL EXPERIENCE

2005年12月
※その後もROHに定期的に参戦。
U.S.A. 2014年7月〜2019年2月
※WWE・NXTで活動

BIOGRAPHY

全日本プロレスでデビュー後、2000年
6月のプロレスリング・ノアの旗揚げ
に参加。14年からはWWEで"ヒデオ・イ
タミ"のリングネームで活動。19年に新
日本のリングに登場も、盟友・柴田勝頼
を裏切りBULLET CLUBへ加入。以降、
IWGP USヘビーとSTRONG無差別級王
座を戴冠。鋭い打撃とトラッシュトークが
持ち味。

FINISH HOLD

Go 2 Sleep
ゴートゥースリープ

相手を両肩に担ぎ上げ、左手で上半身を
下から押し上げる。そして宙に浮き上が
った相手が落下するタイミングで、膝蹴
りを顔面や胸板に突き上げる。

Q&A		
01	試合をした
ことがある国	アメリカ、メキシコ、イギリス、ドイツ、シンガポール、チ
リ、ペルー、ブラジル
02	思い出に残る
海外での試合	初めてアメリカで試合した時のKENTAコール。
03	好きな国、
水が合う国	アメリカ：最初に海外の魅力を教えてくれたから。
04	苦手な国、
水が合わ
なかった国	メキシコ：文字通り水が合わなくてお腹を下した。
05	学生時代の
英語	得意でした。
06	自己診断での
語学力	来年でアメリカに越して10年になるけど、まだ困る事ばか
り。学生時代は得意だったのに…。
07	よく使う
外国語フレーズ	**What a f●ck**（なんだって）
08	オススメの
語学勉強法	とにかく間違う事なんか気にしないで話す事。人見知
りで話さないから成長しない俺が言ってるんで間違い
ない。

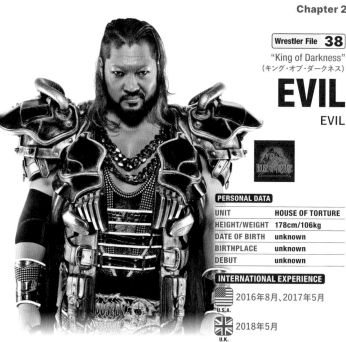

Wrestler File **38**

"King of Darkness"
（キング・オブ・ダークネス）

EVIL

EVIL

BIOGRAPHY

2015年10月、内藤哲也が連れてきた**pareja**（仲間）として新日本に登場。以降、SANADAとともにIWGPタッグを二度戴冠。20年7月、L・I・Jを裏切りBULLET CLUBへ電撃加入すると、内藤を下しIWGPヘビー・IWGPインターコンチネンタルの二冠王者に。21年9月にBULLET CLUBの内部ユニットHOUSE OF TORTURE（拷問の館）を結成。**EVIL**には「悪」「邪悪」の意味がある。

FINISH HOLD

EVIL

相手の首に自身の右腕を巻きつけ、高く振り上げた右足で相手の右足を刈ると同時に前方へ倒れ込み、後頭部をマットに打ちつける。

PERSONAL DATA

UNIT	HOUSE OF TORTURE
HEIGHT/WEIGHT	178cm/106kg
DATE OF BIRTH	unknown
BIRTHPLACE	unknown
DEBUT	unknown

INTERNATIONAL EXPERIENCE

U.S.A. 2016年8月、2017年5月

U.K. 2018年5月

BIOGRAPHY

大学時代にはレスリングで活躍。同期のYOHとは海外遠征でも行動を共にし、凱旋帰国後はタッグチームROPPONGI 3KとしてIWGPジュニアタッグを5度戴冠した。2021年にYOHを裏切ると、EVILらとBULLET CLUBの内部ユニットHOUSE OF TORTUREを始動。ヒールとして開眼し、23年9月にはタイチからKOPW 2023王座を奪取した。

FINISH HOLD

Shock Arrow
ショックアロー

相手の両腕を股下で交差させてから持ち上げ、頭部からマットに突き刺すクロスアーム式パッケージドライバー。弓を弾くポーズを決めたときがこの技の合図。

Wrestler File **39**

"Murder Machine"
（マーダーマシーン）

SHO

SHO

PERSONAL DATA

UNIT	HOUSE OF TORTURE
HEIGHT/WEIGHT	173cm/93kg
DATE OF BIRTH	Aug.27, 1989
BIRTHPLACE	Ehime, Japan
DEBUT	Nov.15, 2012

INTERNATIONAL EXPERIENCE

MEXICO 2016年1月〜2016年8月

U.S.A. 2016年9月〜2017年10月

"THE SPOILER"（ザ・スポイラー）

Dick Togo
ディック東郷

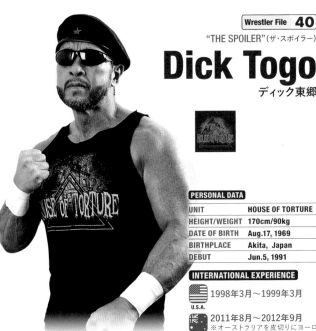

BIOGRAPHY

1991年にユニバーサル・プロレスリングでデビュー。その後は30年以上にわたり国内外のさまざまな団体で活躍する職人レスラー。98〜99年にはWWF（現WWE）にも所属。2020年7月、EVILのパレハとして新日本登場。ヒールファイトで存在感を示し、のちにHOUSE OF TORTURE結成に参画。spoilerとは「楽しみを台無しにする」「ネタバレ」の意味。

FINISH HOLD

Spoilers Choker
スポイラーズ・チョーカー

鉄のワイヤーで相手の首を絞める反則攻撃。BULLET CLUB加入以降、このダーティーファイトで相手の動きを止め、勝利を強奪してきた。

PERSONAL DATA

UNIT	HOUSE OF TORTURE
HEIGHT/WEIGHT	170cm/90kg
DATE OF BIRTH	Aug.17, 1969
BIRTHPLACE	Akita, Japan
DEBUT	Jun.5, 1991

INTERNATIONAL EXPERIENCE

U.S.A. 1998年3月〜1999年3月

AUSTRALIA 2011年8月〜2012年9月
※オーストラリアを皮切りにヨーロッパ、アメリカ、中南米を転戦。

"THE TOKYO PIMPS"
（ザ・トーキョーピンプス）

Yujiro Takahashi
高橋裕二郎

BIOGRAPHY

レスリングの実績を引っさげ2004年に入門。内藤哲也とNO LIMITを結成しタッグ戦線を中心に活躍するも、11年に空中分解。以降、"R指定レスラー"として場内を沸かし、NEVER無差別級王座を戴冠。14年にCHAOSを裏切りBULLET CLUBに加入、21年のHOUSE OF TORTURE結成に参加。PIMPSには「女たらし」「ポン引き」の意味がある。

FINISH HOLD

Big Juice
ビッグジュース

DDTの体勢から相手のタイツをつかみ、一気に持ち上げて急角度でマットに頭部を突き刺す。それまでのフィニッシャーだったピンプジュースの進化型。

PERSONAL DATA

UNIT	HOUSE OF TORTURE
HEIGHT/WEIGHT	178cm/95kg
DATE OF BIRTH	Jan.13, 1981
BIRTHPLACE	Niigata, Japan
DEBUT	Jul.26, 2004

INTERNATIONAL EXPERIENCE

U.S.A. 2009年2月〜5月

MEXICO 2009年5月〜2009年12月

"Heel Master"（ヒールマスター）

Yoshinobu Kanemaru

金丸義信

BIOGRAPHY

高校時代は野球部として甲子園出場経験を持つ。1996年に全日本プロレスでデビュー。2000年のプロレスリング・ノア旗揚げに参加し、ジュニア戦線を牽引。GHCジュニアヘビーの最多戴冠7回を記録。16年に鈴木軍に加入し、海千山千の試合運びで活躍。23年1月のJust 4 Guys結成に参加するも、同年9月に反旗を翻しH.O.Tに加入。

FINISH HOLD

Touch Out
タッチアウト

ブレーンバスターの体勢で持ち上げ、旋回しながら垂直落下してマットに突き刺す。技名は金丸が高校時代に野球部だったことが由来。

PERSONAL DATA

UNIT	HOUSE OF TORTURE
HEIGHT/WEIGHT	173cm/85kg
DATE OF BIRTH	Sep.23, 1976
BIRTHPLACE	Yamanashi, Japan
DEBUT	Jul.6, 1996

BIOGRAPHY

世界中で活躍した名レスラー、デーブ・フィンレーを父に持つサラブレッド。2012年ドイツでデビュー。15年に外国人留学生として新日本に入団。ジュース・ロビンソンとのタッグでは19年に『WORLD TAG LEAGUE』優勝、翌年にIWGPタッグ王座を戴冠。23年3月、BULLET CLUBに加入しニューリーダーに君臨。同年6月にはBC WAR DOGSを結成。REBELは「反逆者」を意味する。

FINISH HOLD

Into Oblivion
イントゥ・オブリヴィオン

ブレーンバスターの体勢で持ち上げ、相手の首筋を自分のヒザに叩きつける。**Into Oblivion**は「忘却へ」という意味を持つ。

"The Rebel"（ザ・レベル）

David Finlay

デビッド・フィンレー

PERSONAL DATA

UNIT	BC WAR DOGS
HEIGHT/WEIGHT	182cm/93kg
DATE OF BIRTH	May 16, 1993
BIRTHPLACE	Hannover, Germany
DEBUT	Dec.22, 2012

BIOGRAPHY

アメリカのインディー団体での活動をへて、LA DOJOに一期生として入門。LA DOJOのキャプテンに就任すると、持ち前のパワーで新日本のジュニア戦線に参入。2023年4月、デビッド・フィンレーの勧誘を受けBULLET CLUB入り。同年7月にドリラ・モロニーとともにIWGPジュニアタッグ初戴冠を果たす。キャッチフレーズの**100 Proof**は「純正の」という意味。

FINISH HOLD

No Chaser
ノー・チェイサー

相手の左腕を捕らえながら頭部を自身の脇下に抱え込み、右手で一気に持ち上げて頭部から落とす。

Wrestler File **44**

"100 Proof"（ワンハンドレッド・プルーフ）

Clark Connors
クラーク・コナーズ

PERSONAL DATA

UNIT	BC WAR DOGS
HEIGHT/WEIGHT	173cm/91kg
DATE OF BIRTH	Oct.6, 1993
BIRTHPLACE	Washington, USA
DEBUT	Sep.30, 2018

Wrestler File **45**

"The DRILLA"（ザ・ドリラ）

Drilla Moloney
ドリラ・モロニー

BIOGRAPHY

15歳で母国イギリスにてデビューし、2017～21年にはWWE・NXT UKで活動。23年3月、ウィル・オスプレイに勧誘されUNITED EMPIREに加入し、同年の『BEST OF THE SUPER Jr.』で新日本初参戦。その最終戦で、仲間であるTJPとフランシスコ・アキラを襲撃しBULLET CLUBに電撃移籍。同年7月にクラーク・コナーズとIWGPジュニアタッグを初戴冠。

FINISH HOLD

Drilla Killa
ドリラ・キラ

カナディアンバックブリーカーで肩に担ぎ上げ、そこから文字通りドリルのように一気に頭頂部をマットに突き刺す変形パイルドライバー。

PERSONAL DATA

UNIT	BC WAR DOGS
HEIGHT/WEIGHT	178cm/86kg
DATE OF BIRTH	Feb.9,1997
BIRTHPLACE	Birmingham, England
DEBUT	2013

"The Dead-Eye Dreadnought"
（ザ・デッドアイ・ドレッドノート）

Alex Coughlin

アレックス・コグリン

BIOGRAPHY

2015年にアメリカのインディー団体でデビューし、18年にLA DOJOに入門。23年6月、ゲイブ・キッドとともに突如BULLET CLUB入り。同年7月にゲイブとのタッグでSTRONG無差別級タッグを奪取。強靭な肉体と規格外のパワーが武器。dreadnoughtはイギリス海軍の戦艦名で「何にも恐れない」という意味がある。

FINISH HOLD

Jackhammer
ジャックハマー

ブレーンバスターで相手を高々と持ち上げ、そこから全体重を浴びせながらパワースラムのようにマットに叩きつける。

PERSONAL DATA

UNIT	**BC WAR DOGS**
HEIGHT/WEIGHT	**183cm/100kg**
DATE OF BIRTH	**Dec.3, 1993**
BIRTHPLACE	**New York, USA**
DEBUT	**2015**

BIOGRAPHY

10代前半から母国イギリスでキャリアをスタート。2019年6月にLA DOJOに入門すると、20年1月から新日本マットでヤングライオンとして活動開始。23年6月、アレックス・コグリンとともにBULLET CLUB加入を果たし、同年7月にSTRONG無差別級タッグ王座を戴冠。ラフ＆テクニックで相手を追い込む試合巧者。War Readyで「臨戦態勢」の意味。

FINISH HOLD

Leg Trap Piledriver
レッグ・トラップ・
パイルドライバー

相手の左足を自身の両手でクラッチし、そこから一気に逆さまに抱え上げて勢いよく頭部から突き刺す変形パイルドライバー。

"War Ready"（ウォーレディ）

Gabe Kidd

ゲイブ・キッド

PERSONAL DATA

UNIT	**BC WAR DOGS**
HEIGHT/WEIGHT	**183cm/92kg**
DATE OF BIRTH	**Apr.24, 1997**
BIRTHPLACE	**Brighton, England**
DEBUT	**Nov.12, 2011**

BIOGRAPHY

2007年にアメリカでデビュー。14年10月新日本にNWA世界ジュニアヘビー級王者として初参戦。15年10月にBULLET CLUB加入と同時にヘビーに転向。22年5月にはバッドラック・ファレとIWGPタッグ王座を戴冠。ニックネームの**Crown Jewel**は直訳すると「王冠の宝石」。インディー団体でさまざまなベルトを巻いていたことに由来する。

"THE CROWN JEWEL"
（ザ・クラウン・ジュエル）

Chase Owens

チェーズ・オーエンズ

FINISH HOLD

Package Piledriver

パッケージドライバー

相手の両腕を巻き込んで膝裏をクラッチ。その体勢で持ち上げて受身が取りづらい状態で脳天を突き刺す。**package**は「小包」の意味。

BULLET CLUB

PERSONAL DATA

UNIT	**BULLET CLUB**
HEIGHT/WEIGHT	**183cm/103kg**
DATE OF BIRTH	**Mar.7, 1990**
BIRTHPLACE	**Tennessee, USA**
DEBUT	**2006**

"THE ROGUE GENERAL"
（ザ・ローグゼネラル）

Bad Luck Fale

バッドラック・ファレ

BULLET CLUB

BIOGRAPHY

ラグビーの実業団をへて、2009年6月に新日本入門。13年5月のBULLET CLUB結成に参加したオリジナルメンバー。その巨体から繰り出すパワーファイトで、棚橋弘至やオカダ・カズチカからトップ陣からも勝利を収めている。Tiktokでのフォロワー数は新日本プロレストップで、80万人超。**The Rogue General**は「悪党将軍」を意味する。

FINISH HOLD

Grenade

グラネード

相手の首を左手でつかみ、チョークスラムのように持ち上げる。そして右手の親指を相手の喉元に突き刺し、ダメージを与えながらマットに叩きつける荒技。

PERSONAL DATA

UNIT	**BULLET CLUB**
HEIGHT/WEIGHT	**194cm/170kg**
DATE OF BIRTH	**Jan.8, 1982**
BIRTHPLACE	**Tonga**
DEBUT	**Apr.4, 2010**

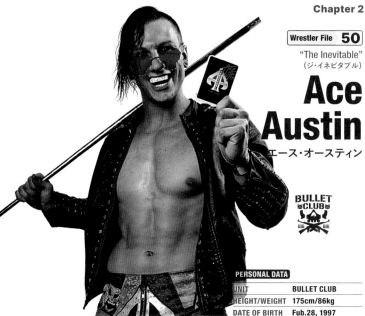

Wrestler File 50

"The Inevitable"
（ジ・イネビタブル）

Ace Austin
エース・オースティン

BIOGRAPHY

2015年にアメリカのインディー団体でデビュー。19年にIMPACT WRESTLINGに登場すると、瞬く間に頭角を表し22歳の若さでXデヴィジョン王座を戴冠。22年の『BEST OF THE SUPER Jr.』で初来日を果たし、トリッキーかつアクロバティックなファイトで注目を集める。同年6月にBULLET CLUBに加入。inevitableは「回避不可能」という意味。

FINISH HOLD
The Fold
ザ・フォールド

走り込んでジャンプと同時に相手の首元を両手で捕らえ、前方回転しながら後頭部をマットに叩きつける変形ネックブリーカー。

PERSONAL DATA

UNIT	BULLET CLUB
HEIGHT/WEIGHT	175cm/86kg
DATE OF BIRTH	Fub.28, 1997
BIRTHPLACE	Pennsylvania, USA
DEBUT	Apr.4, 2015

BIOGRAPHY

2002年全日本プロレスにてデビュー。退団後はフリーとして活動し、06年新日本に参戦。TAKAみちのくや金丸義信とIWGPジュニアタッグを巻く。11年5月の鈴木軍結成に参画。18年にヘビー級に転向するとNEVER無差別級王座や、ザック・セイバーJr.とIWGPタッグ王座を戴冠。23年1月からJust 4 Guysを始動。ゲーム実況などを配信するYouTuberとしても活動中。

FINISH HOLD
Black Mephisto
ブラックメフィスト

ショルダースルーの要領で逆さまに担ぎ上げ、右腕で相手の膝裏、左腕で首をクラッチ。そのままジャンプして後頭部からマットに叩きつける。

Wrestler File 51

"The Holy Emperor"
（愛を捨てた聖帝）

Taichi
タイチ

Just 5 Guys

PERSONAL DATA

UNIT	Just 5 Guys
HEIGHT/WEIGHT	177cm/100kg
DATE OF BIRTH	Mar.19, 1980
BIRTHPLACE	Hokkaido, Japan
DEBUT	Dec.2, 2002

INTERNATIONAL EXPERIENCE

MEXICO 2010年1月〜12月

Wrestler File **52**

SANADA
SANADA

PERSONAL DATA

UNIT	Just 5 Guys
HEIGHT/WEIGHT	182cm/100kg
DATE OF BIRTH	Jan.28, 1988
BIRTHPLACE	Niigata, Japan
DEBUT	Mar.13, 2007

INTERNATIONAL EXPERIENCE

CANADA 2014年3月～6月
※TNAのXディヴィジョン王者として同マットに定期的に参戦。

U.S.A. 2015年5月～11月
※フリーとしてアメリカを転戦。この期間にドイツにも登場。

BIOGRAPHY

2007年、全日本プロレスにてデビュー。WRESTLE-1、TNA、フリーをへて、16年4月にL・I・Jの新たな**pareja**(仲間)として新日本初登場。IWGPタッグをEVILと二度、内藤と一度戴冠。23年の『NEW JAPAN CUP』開催中にJust 4 Guys(現Just 5 Guys)に加入。同年4月にIWGP世界ヘビーを初戴冠。天性のバネとテクニックを兼ね揃えた実力者。

FINISH HOLD

Deadfall

相手を右膝の上に乗せて頭部を捕らえ、自分の身体をひねりながら脳天からマットに突き刺す変形DDT。2023年の『NEW JAPAN CUP』から使用。

Q&A

01	試合をしたことがある国	韓国、サイパン、カナダ、アメリカ、メキシコ、イギリス、ドイツ
02	思い出に残る海外での試合	カナダ:最初に海外遠征に行って1ヶ月で30試合以上して、世界の文化を学びました。
03	好きな国、水が合う国	ドイツ:日本人の文化に似てる雰囲気でした。
04	苦手な国、水が合わなかった国	メキシコ:1ヶ月住みましたが、3週間はお腹を壊してました。
05	学生時代の英語	赤点しか取ったことないです。
06	自己診断での語学力	ほぼ喋れないですが、コミュニケーションは取れます。
07	よく使う外国語フレーズ	よく語尾に**right?**(～だよね?)を使います。
08	オススメの語学勉強法	好きな海外ドラマを英語で観るのをオススメします。

Wrestler File **53**

"Japones Del Mal"
（ハポネス・デル・マル）

DOUKI

DOUKI

PERSONAL DATA

UNIT	Just 5 Guys
HEIGHT/WEIGHT	170cm/85kg
DATE OF BIRTH	Dec.24, 1991
BIRTHPLACE	Kanagawa, Japan
DEBUT	2010

INTERNATIONAL EXPERIENCE

MEXICO 2010年5月〜2019年5月、2023年6月
※この期間にアメリカでも活動。

BIOGRAPHY

18歳でメキシコに渡り、現地でキャリアを積む。2019年5月、メキシコで親交のあったタイチの推薦を受け、『BEST OF THE SUPER Jr.』を負傷欠場することになったエル・デスペラードの代打として出場。以降はルチャ仕込みのテクニックで鈴木軍のメンバーとして存在感を高め、23年1月のJust 4 Guys結成に参加。

FINISH HOLD

Suplex de la Luna

スープレックス・デ・ラ・ルナ

後方から相手を抱え上げ、空中でクラッチを切り替えて放つ変形ドラゴンスープレックス。Suplex de la Lunaはスペイン語で「月のスープレックス」。

BIOGRAPHY

1992年にユニバーサル・プロレスリングに入門。その後、みちのくプロレスの旗揚げに参加し、94年の第1回『SUPER J-CUP』に出場。97年にWWFと契約すると、クルーザー級戦線で大暴れ。2000年にはKAIENTAI DOJOを設立。11年5月、鈴木軍結成に参加。現在はJust 5 Guysのメンバー、そしてJUST TAP OUTの代表として活動。

FINISH HOLD

Michinoku Driver II

みちのくドライバーⅡ

相手をボディスラムのように抱え上げ、ジャンプして後頭部から背中にかけて投げ落とす。TAKAが開発し、いまでは国内外含め多くのレスラーが使用する。

Wrestler File **54**

"Swift Technician"（疾風のテクニシャン）

TAKA Michinoku

TAKAみちのく

PERSONAL DATA

UNIT	Just 5 Guys
HEIGHT/WEIGHT	175cm/80kg
DATE OF BIRTH	Oct.26, 1973
BIRTHPLACE	Chiba, Japan
DEBUT	Sep.4, 1992

INTERNATIONAL EXPERIENCE

U.S.A. 1997年10月〜2002年3月

"Heat Storm"(ヒートストーム)

Yuya Uemura

上村優也

2023年10月 凱旋帰国

BIOGRAPHY

高校大学とレスリングで活躍し、2017年に入門。若手時代は同期の辻陽太と切磋琢磨。21年8月にオカダ・カズチカと壮行試合を行い、アメリカ修行に出発。IMPACT WRESTLINGではジョー・ヘンドリーとのタッグ"JOYA"として活動。23年10月、Just 5 Guysの新メンバーとして凱旋帰国。**Heat Storm**は「熱波の嵐」を意味する。

FINISH HOLD

Deadbolt Suplex
カンヌキスープレックス

相手の両腕を外側から抱え込んで動きを止め、そのままカンヌキで引っこ抜くように後方にスープレックスで叩きつける。上村が若手時代から得意とする投げ技。

PERSONAL DATA

UNIT	Just 5 Guys
HEIGHT/WEIGHT	180cm/100kg
DATE OF BIRTH	Nov.18, 1994
BIRTHPLACE	Ehime, Japan
DEBUT	Apr.10, 2018

INTERNATIONAL EXPERIENCE

2021年8月〜2023年10月

U.S.A.

"The Aerial Assassin"
(ジ・エアリアル・アサシン)

Will Ospreay

ウィル・オスプレイ

BIOGRAPHY

抜群の身体能力を誇る稀代のハイフライヤー。オカダ・カズチカに将来性を見出され、2016年4月に新日本初参戦。ジュニアヘビー戦線を席巻したのち、20年にヘビー級へ転向。同年8月にオカダを裏切りCHAOSを脱退し、THE EMPIRE（現UNITED EMPIRE）をグレート-O-カーンらと結成。21年4月にIWGP世界ヘビーを戴冠。**The Aerial Assassin**は直訳すると「空中の暗殺者」。

FINISH HOLD

Storm Breaker
ストームブレイカー

リバースフルネルソンから相手を肩に担ぎ上げ、片手のクラッチを外して横に回転させながら叩きつける変形ネックブリーカー。

PERSONAL DATA

UNIT	UNITED EMPIRE
HEIGHT/WEIGHT	185cm/105kg
DATE OF BIRTH	May 7, 1993
BIRTHPLACE	Essex, United Kingdom
DEBUT	Apr.1, 2012

さまざまな格闘技で実績を残し、2018年よりイギリスのRPWに登場。20年10月に新日本に殴り込みをかけ、ウィル・オスプレイらとTHE EMPIRE（現UNITED EMPIRE）を結成。22年4月にジェフ・コブとIWGPタッグを初戴冠。アニメなどサブカルチャーに造詣が深く、さまざまなイベントに登壇。Dominatorは「支配者」を意味する。

Wrestler File	**57**

"Dominator"（支配者）

Great-O-Khan

グレート-O-カーン

FINISH HOLD

Eliminator
エリミネーター

アイアンクローの体勢から相手を一気に持ち上げ、後頭部を力任せに叩きつける。Eliminatorを直訳すると「処刑人」。

PERSONAL DATA

UNIT	UNITED EMPIRE
HEIGHT/WEIGHT	188cm/120kg
DATE OF BIRTH	unknown
BIRTHPLACE	unknown
DEBUT	unknown

INTERNATIONAL EXPERIENCE

🇬🇧 2018年6月〜2020年9月
U.K.

BIOGRAPHY

レスリング、ムエタイ、MMAなどさまざまな格闘技をバックボーンに、2012年に母国ニュージーランドでデビュー。16年新日本に入門し、ヤングライオンとして鍛錬を積む。21年4月、UNITED EMPIREへ電撃加入。23年の『G1 CLIMAX』から、自身のルーツであるマオリ族伝統のマタオラ（顔面のタトゥー）を施し、話題を呼んだ。Furyは「激しい怒り」を意味する。

FINISH HOLD

Streets of Rage
ストリーツ・オブ・レイジ

相手の左足を抱えて頭上まで持ち上げ、後頭部から背中にかけて叩きつける変形のデスバレーボム。技名は直訳すると「怒りの道」。

Wrestler File	**58**

"Face of Fury"
（フェイス・オブ・フューリー）

HENARE

HENARE

PERSONAL DATA

UNIT	UNITED EMPIRE
HEIGHT/WEIGHT	180cm/110kg
DATE OF BIRTH	Aug.5, 1992
BIRTHPLACE	Auckland, New Zealand
DEBUT	Sep.1, 2012

"Nova Fireball"
（ノヴァ・ファイアボール）

Francesco Akira

フランシスコ・アキラ

母国イタリアにてデビューし、その後は欧州を中心に活動。2021年6月、全日本プロレスで世界ジュニアヘビー級王座を戴冠。22年4月、UNITED EMPIREの新メンバーとして新日本初登場。同年6月、TJPとIWGPジュニアタッグ王座を奪取。キャッチフレーズどおり、スピード感あふれる火の玉のようなファイトが持ち味。**Nova**はイタリア語で「新しい」「若い」の意味。

FINISH HOLD

Fire Ball
ファイヤーボール

膝立ち状態の相手に対して、背後から走り込みジャンプして両膝を後頭部に突き刺す。まさに火の玉が炸裂するような威力を持つ。

PERSONAL DATA

UNIT	UNITED EMPIRE
HEIGHT/WEIGHT	170cm/75kg
DATE OF BIRTH	Nov.12, 1999
BIRTHPLACE	Bergamo, Italy
DEBUT	Aug.29, 2015

"Public Enemy"
（パブリック・エネミー）

TJP

TJP

弱冠14歳でデビューし、2000年代前半は新日本の旧LA道場でトレーニング。その後は多くの団体でベルトを獲得し、16年にはWWEクルーザー級王座を戴冠。19年から新日本に再登場し、21年9月にUNITED EMPIRE加入。22年6月にフランシスコ・アキラとIWGPジュニアタッグ王座を奪取。ジュニア屈指のテクニックを持つオールラウンダー。

FINISH HOLD

Pinoy Stretch
ピノイ・ストレッチ

相手の両足を固め、コブラツイストのクラッチで絞め上げる変型STF。**Pinoy**（ピノイ）は「フィリピン人男性」の意味。母親がフィリピン人であることに由来。

PERSONAL DATA

UNIT	UNITED EMPIRE
HEIGHT/WEIGHT	177cm/81kg
DATE OF BIRTH	Sep.3, 1984
BIRTHPLACE	Missouri, USA
DEBUT	Aug.26, 1998

Wrestler File **61**

"The Imperial Unit"
(ジ・インペリアル・ユニット)

Jeff Cobb

ジェフ・コブ

BIOGRAPHY

破壊力抜群の投げ技に加え、空中技も難なくこなす運動神経を持つ元オリンピアン。2004年のアテネ五輪にレスリングのグアム代表として出場。新日本には17年11月に初参戦し、20年11月にTHE EMPIRE（現UNITED EMPIRE）に加入。22年4月、グレート-O-カーンとIWGPタッグを初戴冠した。祖母が日本人のクォーター。

FINISH HOLD

Tour of the Islands

ツアー・オブ・ジ・アイランド

直訳すると「島巡り」。相手をパワースラムのように抱えて一旦停止。その後、逆方向に回転しながらジャンプし豪快に叩きつける。

PERSONAL DATA

UNIT	UNITED EMPIRE
HEIGHT/WEIGHT	177cm/125kg
DATE OF BIRTH	Jul.11, 1982
BIRTHPLACE	Hawaii, USA
DEBUT	Apr.6, 2009

BIOGRAPHY

2018年に母国イギリスでデビューし、欧州でキャリアを積む。18年6月にイギリスRPWでウィル・オスプレイと対戦すると、将来性を買われUNITED EMPIREの"ヤングライオン"としてスカウトを受ける。23年9月に新日本に初参戦する。185cmの長身ながらスピーディーな動きで、リングを所狭しと駆け回り注目を集めた。

FINISH HOLD

Tiger Suplex Hold

タイガースープレックス
ホールド

相手の両腕を固め、そのまま後方に投げるスープレックス。初代タイガーマスクのオリジナル技。ニューマンは軽快なスピンキックから決めることが多い。

Wrestler File **62**

"Prince of Pace"（プリンス・オブ・ペース）

Callum Newman

カラム・ニューマン

PERSONAL DATA

UNIT	UNITED EMPIRE
HEIGHT/WEIGHT	185cm/89kg
DATE OF BIRTH	Aug.31, 1998
BIRTHPLACE	Greater London, England
DEBUT	Dec, 2017

BIOGRAPHY

2004年に母国イギリスでデビュー。11年からはプロレスリング・ノアに留学しジュニア戦線で活躍。17年3月、新日本に初登場すると鈴木軍に加入。変幻自在の関節技でトップ外国人の一角に駆け上がり、これまでIWGPタッグやNJPW WORLD認定TV王座を戴冠。『NEW JAPAN CUP』は二度優勝。23年1月にTMDK加入を果たした。肉類を口にしないビーガン。

"The Front Man"（ザ・フロントマン）

Zack Sabre Jr.

ザック・セイバーJr.

FINISH HOLD

Clarky Cat
クラーキー・キャット

うつ伏せ状態の相手の片腕を自身の足でしっかりと捕獲。もう片方の腕を両手でつかみ、逆方向に反り上げる変型の羽根折り固め。

PERSONAL DATA

UNIT	TMDK
HEIGHT/WEIGHT	186cm/98kg
DATE OF BIRTH	Jul.24, 1987
BIRTHPLACE	Kent, United Kingdom
DEBUT	Apr.20, 2004

Bad Dude Tito

バッド・デュード・ティト

BIOGRAPHY

アメリカ西海岸のインディー団体で活動後、2022年1月に『NJPW STRONG』に初登場。その後、TMDKに加入し、同年7月に国内の新日本マット初参戦。23年6月の『NJPW STRONG』日本上陸大会にも参戦。パワーファイターながら、セントーン・アトミコなど身軽な動きも得意とする。Bad Dudeは"悪いヤツ"を意味する。

FINISH HOLD

Tequila Screwdriver
テキーラ・スクリュードライバー

ブレーンバスターのように相手を逆さまに抱え上げてから、変形のツームストンパイルドライバーでマットに突き刺す危険な大技。

PERSONAL DATA

UNIT	TMDK
HEIGHT/WEIGHT	183cm/113kg
DATE OF BIRTH	Oct.4, 1983
BIRTHPLACE	California, USA
DEBUT	2000

Wrestler File **65**

"Hysterical"（ヒステリカル）

Shane Haste
シェイン・ヘイスト

BIOGRAPHY

2003年に母国オーストラリアでデビューすると、現地でマイキー・ニコルスとTMDKを結成。11年からはプロレスリング・ノアに留学し、GHCタッグ王座を戴冠。その後はWWEをへて、22年3月から『NJPW STRONG』に登場。高い身体能力を武器に、新日本のタッグ戦線でニコルスと存在感を示す。キャッチフレーズの**hysterical**には「ヒステリックな」「狂乱」の意味がある。

FINISH HOLD

Bomb Valley Death
ボム・バレー・デス

相手を肩に担ぎ上げ、右腕ではね上げて後頭部から叩きつける。デスバレーボムとは逆向きなのが技名の由来。

PERSONAL DATA

UNIT	TMDK
HEIGHT/WEIGHT	188cm/103kg
DATE OF BIRTH	Sep.24, 1985
BIRTHPLACE	Perth, Australia
DEBUT	Feb.22, 2003

BIOGRAPHY

2001年に母国オーストラリアでデビューし、シェイン・ヘイストとTMDKを結成。06年に単独で新日本初参戦。その後はプロレスリング・ノアやWWEをへて、19年3月にCHAOSのメンバーとして新日本にひさびさの参戦。22年5月からはTMDKに再合流し、ヘイストとの多彩な連携技を武器にタッグ戦線で存在感を示す。キャッチフレーズの**mad**には、「怒り」「発狂」のなどの意味がある。

FINISH HOLD

Master Blaster
マスター・ブラスター

相手の右肩を固めながら持ち上げて逆さ状態にし、そのまま頭部からマットに突き刺す荒技。2023年の『G1 CLIMAX』のHENARE戦で初披露。

Wrestler File **66**

"Mad"（マッド）

Mikey Nicholls
マイキー・ニコルス

PERSONAL DATA

UNIT	TMDK
HEIGHT/WEIGHT	189cm/105kg
DATE OF BIRTH	Aug.20, 1985
BIRTHPLACE	Perth, Australia
DEBUT	Nov.4, 2001

BIOGRAPHY

地元オーストラリアでデビューしたのち、2018年10月にBULLET CLUBの新メンバーとして新日本初参戦。その後、CHAOSに移籍し、21年10月にはIWGPジュニアヘビー&IWGPジュニアタッグの二冠王に君臨。23年3月、TMDKに移籍。キャッチフレーズのSniper（スナイパー）が示すような精度の高い空中技と、グラウンド技術を併せ持つ。

FINISH HOLD

Ron Miller Special
ロン・ミラー・スペシャル

相手の両足を捕らえ、裏返しにして絞め上げる裏4の字固め。名前の由来の「ロン・ミラー」は1960〜80年代に活躍したオーストラリア出身のレスラー。

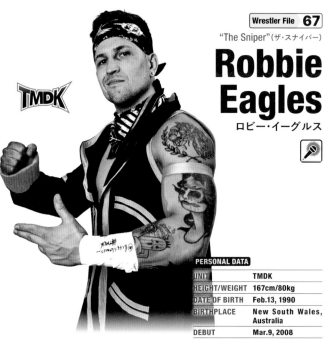

"The Sniper"（ザ・スナイパー）

Robbie Eagles
ロビー・イーグルス

TMDK

PERSONAL DATA

UNIT	TMDK
HEIGHT/WEIGHT	167cm/80kg
DATE OF BIRTH	Feb.13, 1990
BIRTHPLACE	New South Wales, Australia
DEBUT	Mar.9, 2008

Kosei Fujita
藤田晃生

2023年10月 凱旋帰国

TMDK

PERSONAL DATA

UNIT	TMDK
HEIGHT/WEIGHT	178cm/86kg
DATE OF BIRTH	Jul.14, 2002
BIRTHPLACE	Ehime, Japan
DEBUT	Aug.24, 2021

INTERNATIONAL EXPERIENCE

U.S.A. 2023年8月〜2023年10月
※この期間にイギリスやオーストラリアにも転戦。

BIOGRAPHY

高校時代はレスリングのJOC中国・四国大会80kg級で優勝。2021年に入門し、わずか4カ月でデビュー。23年1月にはヤングライオンにもかかわらず、ザック・セイバーJr.の勧誘を受けてTMDKに加入。同年8月からの短期海外修行をへて、10月に凱旋帰国。ロビー・イーグルスと共に『SUPER Jr. TAG LEAGUE』にエントリーした。

FINISH HOLD

Abandon Hope
アバンドン・ホープ

相手をブレーンバスターの体勢で持ち上げ、そこから急降下させながら肩にアゴを打ちつける。凱旋帰国後から使用。Abandon Hopeの意味は「希望を断ち切る」。

BIOGRAPHY

Wrestler File **69**

Ryohei Oiwa

大岩陵平

2023年9月 武者修行スタート

中学から大学までレスリングに打ち込み、2021年に入門。同期の藤田晃生と前座戦線で切磋琢磨する。23年8月、『G1 CLIMAX』にプロレスリング・ノアから出場した清宮海斗のパートナーを務める。その清宮に誘われるかたちで、同年9月よりノアに武者修行として参戦。清宮と『WORLD TAG LEAGUE 2023』に電撃エントリー。

FINISH HOLD

Side Suplex

サイドスープレックス

相手の胴体をサイドからクラッチし、そのまま後方に180度ひっくり返すように背中から叩きつける投げ技。レスリングや柔道で使われる俵返しの応用技。

PERSONAL DATA

UNIT	NJPW main unit
HEIGHT/WEIGHT	180cm/105kg
DATE OF BIRTH	Nov.7, 1998
BIRTHPLACE	Aichi, Japan
DEBUT	Aug.24, 2021

Young Lion（ヤングライオン）

Wrestler File **70**

Yuto Nakashima

中島佑斗

2021年2月デビュー。総合格闘技やキックボクシング、柔術で腕を磨き、4度目の入門テストで念願の新日本入りを果たした不屈の若獅子。

Wrestler File **71**

Oskar Leube

オスカー・ロイベ

2019年1月にニュージーランドのファレ道場に入門し、同年3月にデビュー。22年11月に新日本のマットで本格デビュー。201cmと恵まれた肉体を持つ。

Wrestler File **72**

Boltin Oleg

ボルチン・オレッグ

レスリングで輝かしい実績を残したのち、2023年4月にデビュー。同年10月には早くもNJPW WORLD認定TV王座挑戦を果たした怪物ルーキー。

Wrestler File 73

Tom Lawlor
トム・ローラー

UFCなど総合格闘技で活動したのち、2017年にプロレスに本格参入。2020年に『NJPW STRONG』に登場し、TEAM FILTHYを結成。日本の"プロレス通"と知られ、トレードマークはデニムのショートパンツ。**filthy**には、「下品」「不潔」の意味がある。

Wrestler File 74

JR Kratos
JR・クレイトス

2012年のデビュー以降、インディー団体を渡り歩く。20年2月に全日本プロレスに初来日。同年11月、『NJPW STRONG』に初登場し、以降はTEAM FILTHYとして活動。持ち前のパワーと、その身体つきからは想像できない軽快な動きで暴れ回る。

Wrestler File 75

Royce Isaacs
ロイス・アイザックス

2014年にアメリカのインディー団体でデビューし、18年にジョレル・ネルソンとタッグチーム"The One Percent"を結成。のちに"ウェストコースト・レッキングクルー"に改名。22年7月、『G1 CLIMAX』に出場するトム・ローラーのパートナーとして初来日。

Wrestler File 76

Jorel Nelson
ジョレル・ネルソン

2011年にアメリカのインディー団体でデビューし、18年にロイス・アイザックスとタッグチーム"The One Percent"を結成。その後、"ウェストコースト・レッキングクルー"に改名し、21年5月に『NJPW STRONG』に初登場。翌8月にTEAM FILTHYに加入した。

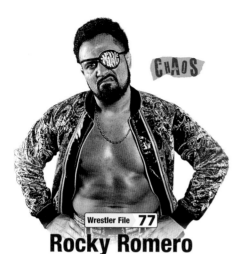

Wrestler File 77
Rocky Romero
ロッキー・ロメロ

1997年に14歳でデビュー。アメリカのインディー団体で活動しながら、2002年に新日本の旧ロス道場に入門。以降は新日本をはじめ、国内外のさまざまなリングのジュニア戦線で活躍。IWGPジュニアタッグには異なるパートナー3人と、通算8度の戴冠を果たす。

Wrestler File 78
Alex Zayne
アレックス・ゼイン

2005年1月のデビュー後、アメリカを中心に活動。新日本初登場は19年11月のロサンゼルス大会。その後、WWE・NXTをへて、22年の『BEST OF THE SUPER Jr.』に初出場。以降はヘビー級戦線にも参入。長身ながら抜群の身体能力で場内を沸かすハイフライヤー。

Wrestler File 79
Fred Rosser
フレッド・ロッサー

2002年にアメリカのインディー団体でデビューし、数々のタイトルを戴冠。その後、WWEをへて、20年9月に『NJPW STRONG』に登場。22年6月にはSTRONG無差別級王座を戴冠。**"MR.NO DAYS OFF"**の異名どおり、疲れ知らずで日々のトレーニングを欠かさない。

Wrestler File 80
The DKC
ザ・DKC

2018年にデビューしたのち、20年の『LION'S BREAK: COLLISION』(アメリカの大会)で新日本マット初登場。21年1月に自ら直訴し、LA DOJOに加入。22年7月に初来日を果たし、気合十分の空手ファイトで存在感を示した。23年には田口隆祐と『SUPER Jr. TAG LEAGUE』に出場。

Wrestler File **81**

"The Ocho"(ジ・オチョ)

Chris Jericho
クリス・ジェリコ

元WWEのスーパースター。**Jericho Appreciation Society**（ジェリコ感謝協会）でAEWを牽引するも、2023年8月に崩壊。自身のバンドFOZZYの**Judas**で入場。人に火を放って**wizard**（魔術師）を名乗るなど、世界理不尽大王だが憎めないカリスマ。

Wrestler File **82**

"The Spanish God"(スパニッシュ・ゴッド)

Sammy Guevara
サミー・ゲバラ

抜群の身体能力を誇るハイフライヤー。AEW 初期を支えた**Four Pillars**（4本柱）の一人。クリス・ジェリコと**Le Sex Gods**を結成していたが、まさかの裏切りで訣別。インディー時代にはDOUKIと同じリングに上がるなど関係が深い。AEWでは高い場所から落とされるなど酷い目に遭いがち。

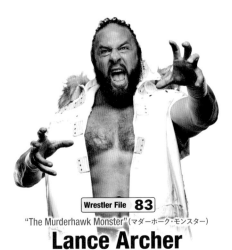

Wrestler File **83**

"The Murderhawk Monster"(マダーホーク・モンスター)

Lance Archer
ランス・アーチャー

2011年に新日本プロレスに参戦し、鈴木軍のメンバーとしてタッグ戦線を中心に活躍。21年7月にはAEWのリングでジョン・モクスリーを破り、IWGP USヘビー級王座を獲得。**Murderhawk**は**mohawk**（モヒカン）に由来。「**Everybody dies!**」のフレーズに説得力がある203cmのモンスター。

Wrestler File **84**

"The Mad King"(マッドキング)

Eddie Kingston
エディ・キングストン

キャリアのほとんどをインディー団体で過ごし、40歳を目前にAEWと契約を結んだ苦労人。日本のプロレスをリスペクトしており、特に四天王プロレスの大ファン。2023年7月、STRONG無差別級選手権でKENTAを破って涙の戴冠を果たした。同年9月にはROH世界との二冠王に。

082

Wrestler File 85

"Switch Blade"(スイッチブレイド)

Jay White
ジェイ・ホワイト

ヤングライオン出身で、外国人レスラー史上最年少でIWGP
ヘビー級王座を獲得。4代目BULLET CLUBリーダー。自
称「1人でマディソン・スクエア・ガーデンを満員にした男」。
2023年には新日本プロレスを追放され、主戦場をAEWに
移した。自身のパネル、**Cardblade**と一緒に入場することも。

Wrestler File 86

"Rock Hard"(ロック・ハード)

Juice Robinson
ジュース・ロビンソン

新日本プロレスでは、ベビーフェイスとして明るい雰囲気
で会場の熱量を上げる人気者だったが、2022年に衝撃の
BULLET CLUB入り。23年にはAEWでジェイ・ホワイトと
Bullet Club Goldを結成。The Gunns（Austin&Colten兄
弟）と共にジェイ・ホワイトを献身的に騒がしくサポート。

Wrestler File 87

"The Cleaner"(ザ・クリーナー)

Kenny Omega
ケニー・オメガ

史上最強外国人との呼び声も高い人気レスラー。2016年
『G1 CLIMAX』に初出場初優勝。18年6月にはオカダ・カ
ズチカを破りIWGPヘビー級王者に。3代目BULLET CLUB
リーダー。AEWではヤングバックスらとThe Elite（ジ・エリー
ト）を結成。ゲームへの造詣が深く、開発にも関わる。

Wrestler File 88

"Freshly Squeezed"(フレッシュリー・スクイーズド)

Orange Cassidy
オレンジ・キャシディ

AEW参戦当初は色物キャラとして見られることも多かった
ものの、2020年に大ブレイク。独特のキャラクターと**Sloth**
（無気力）な動きが魅力。**FRESHLY SQUEEZED**は「搾りた
て」という意味。出身地は**Wherever**（どこでも）、体重は
Whatever（なんでも）とコールされる。

Wrestler File 89

Jon Moxley
ジョン・モクスリー

元WWEのスーパースターで、WWEでは団体内のほとんどのベルトを獲得。ハードコアマッチを得意としていて、AEWではほぼ毎試合のように流血している。歩く暴力。2022年3月には「**The Blackpool Combat Club(BCC)**」(ザ・ブラックプール・コンバット・クラブ)を結成。海野翔太の師匠。

Wrestler File 90

Wheeler Yuta
ウィーラー・ユウタ

米国人の父と日本人の母を持つAEW若手のホープ。2022年には『BEST OF SUPER Jr.』にエントリー。ROHピュア王者として活躍も、柴田勝頼に敗れて陥落。必殺技は**Seatbelt Clutch**。BCCには結成の1ヵ月後から加入。頼もしくも恐ろしいメンター達に鍛え上げられている。

Wrestler File 91

"The Swiss Superman"(スイス・スーパーマン)
Claudio Castagnoli
クラウディオ・カスタニョーリ

2022年の『**Forbidden Door**(禁断の扉)』にてAEWに電撃参戦し、BCCに加入した。セザーロの名で中邑真輔とWWEでタッグ王者になったこともある実力者。196cmの長身で繰り出すヨーロピアンアッパーカット、ジャイアントスイングなど豪快な技で暴れる。

Wrestler File 92

"The American Dragon"(アメリカン・ドラゴン)
Bryan Danielson
ブライアン・ダニエルソン

元WWEのスーパースター。「**YES!**」と叫びながら人差し指を空に突き上げることを繰り返す「**YESポーズ**」で熱狂的な支持を集めた。2023年『**Forbidden Door**』のメインイベントでは、右腕を骨折しながらもオカダ・カズチカとのドリーム・マッチを制した。24年にフルタイム参戦から退くことを発表。

Wrestler File 93

"The Devil" (ザ・デビル)

MJF

MJF

第9代AEW世界チャンピオン。新日本のプロレスには否定的だが、グレート-O-カーンだけは絶賛。決めゼリフは I'm Better Than You, And You Know It.で直訳すると「お前より俺の方がすごい。わかるよな」。人生の喜怒哀楽が込められたマイクや上手すぎる歌声も必聴。天才。そして悪魔。

Wrestler File 94

"BayBay!!" (ベイベー!)

Adam Cole

アダム・コール

MJFと敬遠の仲であったがトーナメントをきっかけに、タッグチーム「Better Than You BayBay」を結成。徐々に友情を深めていく物語で人気を博した。8万人以上を動員した『All In』大会のメインイベントではMJFとAEW世界王座をかけて対戦した。リングイン時にはファンが「Boom!」と叫ぶ。

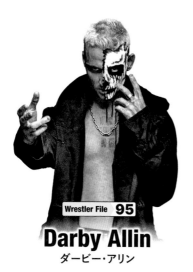

Wrestler File 95

Darby Allin

ダービー・アリン

プロのスケートボーダーを目指していたが、2014年にプロレスデビュー。破天荒な捨て身のファイトスタイルで人気を博している。スティングとともにグレート・ムタ引退試合のパートナーを務めた。骸骨ペイントは「半分死んでいる」という死生観から。首のタトゥーには、RELENTLESS (無慈悲)の文字。

Wrestler File 96

"Cold-Hearted Handsome Devil"
(コールド・ハーテッド・ハンサム・デビル)

Hook

フック

2021年12月のデビュー以来357日間 undefeated (無敗)だったが、20年6月ジャック・ペリーとのFTW王座で敗北し連勝がストップ。同年8月の『ALL IN』で王座を奪還。父はECW、WWEでも活躍したFTW王座創設者のTAZ。言葉数が少なくほとんど笑わない。必殺技は REDRUM。

CMLL Luchadores

Técnico
（テクニコ）

Wrestler File 97

"El Rey de Plata y Oro"（銀と金の王）

Místico
ミスティコ

2004年に初代ミスティコとして活動開始。メキシコ中にルチャ・リブレブームを巻き起こしたSúper estrella。シン・カラ、カリスティコでの活躍をへて、21年にミスティコへの復活を果たした。Místicoはスペイン語で「神秘的な」という意味。

Técnico
（テクニコ）

Wrestler File 98

"El Depredador Del Aire"（空中の捕食者）

Volador Jr.
ボラドール・ジュニア

2013年9月より素顔で活動。Los Depredadores（ロス・デプレダドーレス）のリーダーとしてMagnus、Magia Blanca、Rugidoらメンバーを率いる。volar はスペイン語で「飛ぶ」の意味。トレーニングが厳しいことで有名。

Técnico
（テクニコ）

Wrestler File 99

"El Exótico Lagunero"（エキソチックルチャドール）

Dulce Gardenia
ドゥルセ・ガルデニア

ジェンダーレスなルチャドール。得意技は、beso「キス」で、過去の『CMLL FANTASTICA MANIA』では多くの日本人選手の唇を奪った。Dulce Gardeniaはスペイン語で「甘いクチナシ」を意味し、かつてお花屋さんで働いていたことから。

Técnico
（テクニコ）

Wrestler File 100

"La Estela Del Consejo Mundial"（CMLLの流星）

Fugaz
フガス

CMLLのボディビル大会、Concuro（コンクルソ）で優勝を飾り、SNSにアップする写真の9割が筋肉！ 鍛錬ぶりが一目で伝わる。Estrella Fugazは「流れ星」を意味し、空中技でたなびくマスク後頭部の星デザインがまさに流星のよう。

Técnico
（テクニコ）

Wrestler File 101

"El Heredero De La Atlántida"（アトランティスの後継者）

Atlantis Jr.
アトランティス・ジュニア

父は大スターの Atlantis。『CMLL FANTASTICA MANIA 2019』でデビュー。デビュー数年ながら2022年の『El 89 Aniversario del CMLL』(CMLLアニベルサリオ89)のメインイベントに抜擢されるなど大舞台で活躍を続ける若手注目株。ストゥーカJr.とのマスカラ戦に勝利した。プランチャが豪快!

Técnico
（テクニコ）

Wrestler File 102

"El Luchador Mas Joven En Ganar El Torneo La Leyenda De Plata"
（レジェンダ・デ・プラタ最年少優勝）

Máscara Dorada
マスカラ・ドラダ

Máscara Dorada2.0として『NJPW FANTASTICA MANIA México 2023』のエル・デスペラード戦で鮮烈デビュー。2023年8月よりMáscara Doradaに。シューティングスタープレスが美しい。一気にメインに躍り出た大注目選手。

Rudo
（ルード）

Wrestler File 103

"El Príncipe Del Ring"（リングの王子様）

Soberano Jr.
ソベラーノ・ジュニア

デビューは14歳。父がCMLLの大巨人Euforia、祖父がEl Soberano。Soberanoは「君主・国王」の意味。コーナートップから放たれるトルニージョは必見! 登場すると会場の女性の声援が大きくなる。2023年11月に衝撃のルード転向。

Rudo
（ルード）

Luchador Japonés
（日本人ルチャドール）

Wrestler File 104

"El Tifón De Osaka"（大阪の台風）

Okumura
オクムラ

2004年にメキシコCMLLに参戦して、以後20年近く第一線で活躍を続ける日本人ルチャドール。『CMLL FANTASTICA MANIA』には第1回の11年より連続出場中。スペイン語も堪能で日本人選手の通訳を務めることも。

Rudo
（ルード）

Wrestler File **105**

"El Luchador De Otro Nivel"（レベルの違うルチャドール）

Último Guerrero
ウルティモ・ゲレーロ

ルードの大御所でCMLL世界ヘビー級を2度戴冠。2014年9月より素顔で活動。Los Guerreros Lagunerosのリーダー。Último Guerreroはスペイン語で「究極戦士」。愛称は「ゲレーロ親分」で自ら親分コールを要求。

Rudo
（ルード）

Wrestler File **106**

"El Alquimista Del Ring"（リングの錬金術師）

Hechicero
エチセロ

多彩なジャベ、投げ技を誇る実力派ルード。2021年にはCMLL世界ヘビー級王座を戴冠。Hechiceroは「魔法使い」という意味で、以前は火を持って入場していた。必殺技はConjuro「呪文」。試合中にサスペンダーを外すとギアが上がるので要注目。教科書のような匠の技術を誇る。

©CMLL / Alexis Salazar

Rudo
（ルード）

Wrestler File **107**

"El He-Man Lagunero"（男の中の男）

Niebla Roja
ニエブラ・ロハ

2017年にマスカラ戦で敗れて素顔になるも、抜群のビジュアルも相まって大ブレイク。弟のアンヘル・デ・オロとの兄弟タッグLos Hermanos Chaves「チャベス兄弟」はCMLLきっての人気タッグチームに。

Rudo
（ルード）

Wrestler File **108**

"El Luchador De 24 Kilates"（24金ルチャドール）

Ángel de Oro
アンヘル・デ・オロ

ダイナミックな空中技が魅力で、レジェス・デル・アイレで3度優勝。2018年にマスカラ戦で敗れて素顔で活動。23年『El 90 Aniversario del CMLL』のカベジェラ戦で敗れ坊主に。ニエブラ・ロハ、テリブレとLos Nuevos Ingobernables「新しい制御不能集団」としても活動。

Rudo
（ルード）

Wrestler File 109

"La "Mákina" Ingobernable"（制御不能マシーン）

Terrible
テリブレ

2009年に内藤哲也とカベジェラ戦で対戦、13年にはタマ・トンガとCMLL世界タッグを獲得するなど新日本プロレスの選手とも縁深い。18年にメキシコ本家「ロス・インゴベルナブレス」に電撃加入。**Terrible**はスペイン語で「すごい」「恐ろしい」の意味。ムチのようにしなるラリアットが威力大。

Rudo
（ルード）

Wrestler File 110

"El Guerrero León"（ライオン戦士）

Templario
テンプラリオ

若手ルードとして活躍中。2023年の『El 90 Aniversario del CMLL』では、メインのマスカラ戦（vsドラゴン・ロホ Jr.）に勝利。**Templario**は「テンプル騎士団」という意味。胸にライオンタトゥーがある。ゲレーロジム出身でとにかくパワフル。

Rudo
（ルード）

Wrestler File 111

"El Joven Pantera Rosa"（若きピンクパンサー）

Hijo del Villano Ⅲ
イホ・デル・ビジャノ3号

『CMLL FANTASTICA MANIA 2023』で初来日した期待の若手。父はVillanoⅢ。**Villano**は「悪党」、**Hijo**は「息子」の意味。兄VillanoⅢ Jr.との兄弟タッグにも注目。2000年に父のマスクがアトランティスに剥がされ息子同士も抗争。

Rudo
（ルード）

Wrestler File 112

"El Rey Del Garrote"（棍棒の王）

Bárbaro Cavernario
バルバロ・カベルナリオ

予測不能な動きで観客を魅了する原始人ルチャドール。「私は原始人カベちゃん」「凄い賢い原始人」など日本語でコメントすることも。2012年より素顔で活動。**Bárbaro Cavernario**はスペイン語で「粗野なケーブマン」。

Column #02

プロレス生活36年
下田美馬さんのメキシコの思い出3選

　新日本プロレスの下田美馬です。私は、2006年に右も左も分からず、言葉も話せないのにメキシコに渡りました。現地では、ルチャ・リブレを学びながら同時にスペイン語を習得する難しさを痛感。もがきながらも、生きたスペイン語を通して、メキシコ人の色々な事を学びました。ここでは3つ、思い出に残っていることをご紹介します。私の文章を通してメキシコを体感していただけましたら幸いです。

❶ 高いルチャクラスの壁

　早朝のアレナ・メヒコでは、スター選手からスターを夢見る子どもたちまで、さまざまなレベルのルチャ・リブレのクラスが開催され活気にあふれています。
　Buenos dias（おはよう！）と朝の挨拶を交わし、ルチャクラスがスタートします。最初は、スター選手クラスの厳しさと言葉の壁に直面し、週2回の練習が嫌で仕方なかったです。ただし、ルチャ・リブレを学んで習得しなければ仕事が入らないので、それは死活問題。恥を忍びながらも、ルチャのテクニックを学び、言葉を習得することに必死でした。動けない私が必死に取り組む姿を見て、真摯に指導し励ましてくれた仲間たち、そして少しでも進歩するとみんなが拍手して喜んでくれたこと・・・その時の嬉しさは今も忘れられず、私がメキシコを大好きになった根底にあります。

❷ ギャラの支払いは3時間待ち!?

　試合のギャラの支払い日は、午前中のルチャクラス終了後に支払いを待つ順番に並びます。スター選手は横入りして、さっさと支払いを済ませてしまいますが、それには文句も言えず、ただひたすら自分の番が来るのを待ちます。平均して3時間待ちは当たり前。これは本当に効率悪かった。
　やっと順番が来て、銀行で現金化してもらう書類を貰ったら、仲間達と近所のカンティーナ（酒場）で飲み会開始。女子、そして日本人は私1人でしたが、お酒好きなルチャドール達と1週間を労いながら毎週楽しい時間を過ごしていました。

❸ 2007年のミスティコブーム

　渡墨した翌年の2007年、CMLLは空前のミスティコブーム。日本の国土の5倍はあるメキシコの至る土地で、ルチャ・リブレの興行が開催されていました。ビッグスターのミスティコは週末に5、6試合を掛け持ちすることも当たり前。時には「もう疲れた、行きたくない」と涙する姿を見かけた事も。
　当時はミスティコ大ブームに乗り、CMLLのルチャドール達、皆が潤った時代です。私も月に20試合したこともありました。週末はメキシコを飛行機移動しながら、掛け持ちで試合が出来た事も素晴らしい思い出です。

下田美馬　Mima Shimoda
1970.12.23生まれ。全日本女子プロレス8月5日後楽園ホールの三田英津子戦でデビュー。FANTÁSTICA MANÍA の手伝いを経て、2020年6月シリーズより新日本プロレスの大会にスタッフとして全戦帯同。

Chapter 3

プロレスファン向け
英語＆
スペイン語
講座

ファンイベントで使いたい英語＆スペイン語の例文から、
プロレス名言、ルチャ用語で身につける文法講座など、
語学を学べるコンテンツが盛りだくさん。
英語、スペイン語、日本語のダウンロード音声対応です！

1 | ファンイベントで使いたい
英語&スペイン語フレーズ100

SNSでのアンケート結果をもとに、プロレスファンの想いが詰まった100の例文を掲載しました！
サイン会、撮影会などのファンイベントでお役立てください。例文は全て英語、スペイン語の音声付きです。

1 はじめの一言

E 001
S 001　お会いできて嬉しいです。
🇺🇸 **I'm glad** to meet you.

E 002
S 002　少し緊張しています。
🇺🇸 **I'm a little** nervous.

E 003
S 003　私の名前は哲也です。
🇺🇸 My name is Tetsuya.

E 004
S 004　どうしよう、なんて言っていいのか分かりません。
🇺🇸 Gosh, I don't know what to say.

2 自分のことを伝える

E 005
S 005　スペイン語を勉強しています。
🇺🇸 **I'm studying** Spanish.

E 006
S 006　あなたにメッセージを書きました。
🇺🇸 **I've written** you a message.

E 007
S 007　あなたのためにこれを作りました。
🇺🇸 **I've made** this for you.

092

濵﨑潤之輔

TOEIC講師。TOEIC®L & Rテスト 990点以上を80回以上取得。『改訂版 中学校3年間の英語が1冊でしっかりわかる本』（かんき出版）など多数の著書があり、監修した書籍を含めた累計部数は90万部以上。

元井美貴

気象予報士＆プロレスキャスター。ルチャ・リブレをきっかけにスペイン語の学習をスタート。2022年11月には『超初級から始める スペイン語 声出しレッスン』（アルク）で語学書の著者デビューを果たす。

エストイ フェリス デ
Estoy feliz de
コノセルテ
conocerte.

- glad「嬉しい」やhappy「幸せだ」の前にvery「とても」を加えてもいいでしょう。
- スペイン語の発音は、基本的にはそのままローマ字読みで大丈夫です。zは濁らずサ行で発音します。

エストイ ウン ポコ
Estoy un poco
ネルビオソ ネルビオサ
nervioso/nerviosa.

- 「非常に緊張している」であればextremely nervousになります。
- 話者が男性ならnervioso, 女性なら-saになります。estoyは「私は〇〇」という状態を表します。

メ ジャモ テツヤ
Me llamo Tetsuya.

- My name isの部分はI'm「私は〜だ」に変えることも可能です。
- lはひとつの場合はラ行の発音ですが、ふたつ重なる"ll"はジャ行で発音しましょう。

バジャ ノ セ ケ
Vaya, no sé qué
デシール
decir.

- what to sayは「何を言うべきか」という意味の表現です。
- 動詞の前にnoが付くと否定形になります。yはジャ行で発音しましょう。

エストイ エストゥディアンド
Estoy estudiando
エスパニョール
español.

- be動詞（am）＋現在分詞（studying）は現在進行形と呼ばれ、「（今）〜している」ことを表します。
- Estoy＋現在分詞で「私は〜している」という意味になります。ñはニャ行で発音します。

テ エ エスクリト ウン
Te he escrito un
メンサヘ
mensaje.

- have＋過去分詞（written）は、現在完了と呼ばれ、何かの行為が「完了」したことを表します。
- スペイン語ではhを発音しません。he（エ）＋過去分詞で「私は〜した」という意味の現在完了形。

エ エチョ エスト パラ
He hecho esto para
ティ
ti.

- madeはmakeの過去分詞形です。for youは「あなたのために」という意味になります。
- estoは「これ」を表す指示代名詞。para tiで「あなたのために」の意味になります。

E 008 **S 008** ルチャ・リブレは **私の情熱**です。	**Lucha libre is my passion.**
E 009 **S 009** あなたのように **なりたいです。**	**I want to be like you.**
E 010 **S 010** あなたは私の人生を **変えました。**	**You have changed my life.**
E 011 **S 011** あなたの試合を観て **元気を貰っています！**	**Watching your matches is motivating!**
E 012 **S 012** アレナメヒコに **あなたを応援しに** 行くのが私の夢です。	**It's my dream to go to Arena Mexico to support you.**
E 013 **S 013** あなたのおかげで プロレスに **はまりました。**	**You're the reason I got hooked on pro wrestling.**
E 014 **S 014** 私はSNSで作品を **投稿しています。これが** プロフィールです！	**I post my art on social media. This is my account!**
E 015 **S 015** （スマホの画像を見せながら） これは私の部屋なんです **けど、あなたのグッズを** 飾っています。	**This is my room, decorated with your merch.**
E 016 **S 016** あなたの試合で心を **鷲掴みにされました。**	**You won my heart when I saw you wrestling.**

ラ ルチャ リブレ エス ミ バシオン **La lucha libre es mi pasión.**	passion は「情熱」という意味の名詞です。 la は女性名詞に付く定冠詞。女性名詞は語尾が a で終わる物が多いです。
キエロ セル コモ トゥ **Quiero ser como tú.**	want to be は「〜になりたい」、like は「〜のように」という意味を表します。 quiero は「私は〜したい、欲しい」という欲求を表します。qui はキと発音しましょう。
トゥ メ アス カンビアド ラ ビダ **Tú me has cambiado la vida.**	have changed で「変えてしまった」という意味。過去と今の自分は違うことを表しています。 has cambiado は現在完了形です。vida は「人生」「命」という意味。
ベル トゥス ルチャス メ ジェナ デ エネルヒーア **¡Ver tus luchas me llena de energía!**	motivating は「人をやる気にさせる」という意味の単語です。 energía はエネルギーを意味する名詞です。スペイン語では gi は「ヒ」、ge は「へ」と発音します。
ミ スエーニョ エス イル ア ラ アレナ メヒコ パラ アポジャルテ **Mi sueño es ir a la Arena México para apoyarte.**	to support you は「あなたを応援するために」という意味を加える表現です。 x は基本的にはクスと発音しますが、地名などの場合は例外あり。México はメヒコと発音します。
エレス ラ ラソン ポル ラ ケ メ エンガンチェ ア ラ ルチャ リブレ **Eres la razón por la que me enganché a la lucha libre.**	get hooked on「〜にハマる」という表現を覚えましょう。got は get の過去形。 razón は「理由」を意味する名詞。アクセント記号（´）がある部分を強く読みましょう。
プブリコ ミス オブラス エン レデス ソシアレス エステ エス ミ ペルフィル **Publico mis obras en redes sociales. Este es mi perfil.**	post は「(SNS などに)〜を投稿する」という意味の動詞です。 red はネットという意味で redes は複数形。r が単語の最初にある場合は巻き舌で発音します。
エスタ エス ミ アビタシオン デコラダ コン トゥス プロドゥクトス **Esta es mi habitación, decorada con tus productos.**	merch は merchandise「商品、グッズ」を略した形の単語です。 mi は名詞の前に付いて「私の〇〇」という意味を表します。英語の my と同じですね。
テ ガナステ ミ コラソン クアンド テ ビ ルチャンド **Te ganaste mi corazón cuando te vi luchando.**	won my heart は「私の心を鷲掴みにした」という意味の表現です。won は win の過去形です。 corazón は「ハート」「心」を表す名詞です。ルチャドールの方がコメントでよく使います。

3 エールを送る

E 017 **S 017** 幸運を祈ります。	I wish you all the best.
E 018 **S 018** あなたが ナンバーワンです。	You're number one.
E 019 **S 019** あなたの勝利を 確信しています。	I'm sure that you're going to win.
E 020 **S 020** いつも応援しています。	I'm always cheering for you.
E 021 **S 021** 早く良くなります ように。	I hope that you get better soon.
E 022 **S 022** 優勝 おめでとうございます！	Congratulations on your victory!
E 023 **S 023** 新日本プロレスで 頂点を取ってください。	I hope you get to the very top of New Japan Pro Wrestling.
E 024 **S 024** ベルト戴冠を 楽しみにしています！	Looking forward to you winning the title!
E 025 **S 025** ベルト防衛 頑張ってください！	Good luck with your title defense!

テ デ セオ オ ブ エ ナ
Te deseo buena
スエルテ
suerte.

- all the best は good luck に書きかえ可能です。文頭の I はあってもなくてもいいでしょう。
- suerte は「運」を表す名詞。短く Buena suerte や Suerte と言う場合もあります。

エ レ ス エル ヌ メ ロ ウ ノ
Eres el número uno.

- number one「ナンバーワン」は日本語も英語も同じ表現です。
- eres は「あなたは〇〇である」という意味。Eres guapo（エレス グアポ）なら「あなたはイケメン」。

エストイ セ グ ロ セ グ ラ デ
Estoy seguro/segura de
ケ バ ス ア ガ ナール
que vas a ganar.

- I'm sure that の後ろには主語＋動詞から成る「確信していること」を表す文が続きます。
- 話者が男性なら seguro、女性なら segura になります。que はケと発音しましょう。

シ エ ン ブ レ テ エストイ
Siempre te estoy
ア ポ ジャンド
apoyando.

- cheer for、root for、support は「〜を応援する」という意味です。
- apoyar は「支える」という意味の動詞です。apoyando は現在分詞で英語の〜ing に相当します。

エス ペ ロ ケ テ
Espero que te
メ ホ レ ス プ ロ ント
mejores pronto.

- I hope「私は願っています」の後ろには、主語＋動詞から成る文が続きます。
- espero que で「私は期待する」という表現になります。pronto は「すぐに」という意味。

フェ リ シ ダー デス ポル トゥ
¡Felicidades por tu
ビ ク ト リ ア
victoria!

- Congratulations「おめでとうございます」の語尾にある -s を忘れないように。
- 誕生日を祝う時は Feliz cumpleaños（フェリス クンプレアニョス）と言います。

エス ペ ロ ケ ジェ ゲ ス ア ラ
Espero que llegues a la
シ マ デル ニュー ニュージャパン プロ
cima del New Japan Pro
レ ス リ ング
Wrestling.

- get to the very top は「頂点を取る」という意味の表現です。
- cima は「頂上」「頂点」という意味があります。

エストイ デ セ アンド ベ ル テ
¡Estoy deseando verte
ガ ナール エル ティトゥロ
ganar el título!

- look forward to は「〜を楽しみに待つ」という意味の表現です。
- título（ティトゥロ）は「タイトル」、「ベルト」は cinturón（シントゥロン）と言います。

ブ エ ナ ス エ ル テ エン ラ
¡Buena suerte en la
デ フェンサ デ トゥ ティトゥロ
defensa de tu título!

- Good luck は「幸運を祈る」という意味の表現です。
- defensa は「防衛」という意味です。英語でいう defense ですね。

E 026
S 026 あなたは**世界一の**
レスラーです！

You are the world's best wrestler!

4 愛を叫ぶ

E 027
S 027 あなたに**夢中**です。 I'm **crazy about** you.

E 028
S 028 あなたの**大ファン**です！ I'm **a big fan of** yours!

E 029
S 029 あなたは私の
憧れの人です。 **You are my role model.**

E 030
S 030 WWE時代から
ずっと応援しています！ I've been supporting you since your WWE days!

E 031
S 031 あなたは
私のヒーローです。 You are **my hero.**

E 032
S 032 ずっとあなたが
大好きです！ I've **loved you** forever!

E 033
S 033 **大好き！愛してるー！！** Love you! I adore you!!

エレス エル メホール ルチャドール
Eres el mejor luchador
デル ムンド
del mundo.

「世界一のレスラー」は、**the best wrestler in the world** と言い換えてもよいでしょう。

相手が女性の場合は、Eres la mejor luchadora del mundo. です。

エストイ ロコ ロカ ポル
Estoy loco/loca por
ティ
ti.

crazy about〜は「〜が大好きだ、〜に夢中だ」という意味の表現です。

話者が男性なら loco、女性なら loca になります。「クレイジー」の意味。

ソイ ウン グラン アドミラドール
¡Soy un gran admirador
トゥジョ
tuyo!

yours は your fans のことで、「あなたのファンの中でも特に大ファンなんです」ということを表しています。

話者が女性なら、Soy una gran adomiradora tuya. になります。

エレス ミ モデロ ア
Eres mi modelo a
セギール
seguir.

role model は、ここでは「憧れの人」という意味で使われています。一言で言い換えるなら idol になります。

seguir は後についていくという意味で、サポーターやフォロワーを seguidor（セギドール）と言います。

テ エ エスタド アポジャンド
¡Te he estado apoyando
デスデ トゥス ディアス エン ラ WWE
desde tus días en la WWE!

have been supporting は「ずっと応援し続けている」という意味です。

WWE はスペイン語読みでは「ベドブレ ベドブレ エ」となります。W を「ウベドブレ」と発音する方もいます。

エレス ミ エロエ
Eres mi héroe.

my hero「私のヒーロー」は日本語でも同じですね。

héroe は「ヒーロー」、英語に似ていますよね。憧れのアイドルなら ídolo（イドロ）。

シエンプレ テ エ
¡Siempre te he
イドラトラド
idolatrado!

forever の代わりに all my life と言い換えても良いでしょう。

siempre は「いつも」「どんなときも」という意味です。

テ キエロ
¡Te quiero!
テ アドロ
¡Te adoro!

adore は「〜を崇拝する・敬愛する」という意味で、相手への気持ちが強い際に使う単語です。

Te quiero は家族や親しい友人にも使います。ラテンらしい愛情表現ですね。

端的に推しです。最高!	Straight up, you're my favorite. The best!
あなたが新日本にいてくれて良かった。	I'm glad that you're in New Japan.
あなたのTシャツを毎日着ています!	I wear your T-shirt every day!
いつも子どもと一緒に応援しています!	My child and I are always rooting for you!
あなたは毎試合かっこよさを更新しています。	You get cooler and cooler with every match.
あなたの空中殺法が大好きです!	I love your high flying!
あなたのおかげで関節技が好きになりました。	I've come to like submissions because of you.
いつもワクワクしながら試合を見ています。	It's always exciting watching you wrestle.
強くて大きくて俊敏で愛嬌があってとてもかっこよくて大好きです!	Strong, big, agile, charming and incredibly cool – I love you!

Eres simplemente mi favorito. ¡Eres el mejor!
エレス シンプレメンテ ミ ファボリト エレス エル メホール

- my favorite は「私の大好きな人」という意味の表現です。
- 相手が女性の場合は mi favorita（ファボリータ）. ¡Eres la mejor! になります。

Me alegro de que estés en New Japan.
メ アレグロ デ ケ エステス エン ニュー ジャパン

- I'm glad that ～は後ろに「嬉しい理由」を表す文が続きます。
- en は「～に」「～で」「～の中に」を表す前置詞です。

¡Llevo tu camiseta todos los días!
ジェボ トゥ カミセタ トドス ロス ディアス

- wear は「着用している」という状態を表す動詞です。
- todo は「全て」を意味します。todos los días は全ての日→毎日を表します。

Siempre te animo con mi hijo/hija.
シエンプレ テ アニモ コン ミ イホ/イハ

- root for は「～を応援する」、always は「いつも」という意味の表現です。
- hijo（イホ）は「息子」、hija（イハ）は「娘」。con は「～と一緒に」という意味です。

Te vuelves cada vez más genial con cada lucha.
テ ブエルベス カダ ベス マス ヘニアル コン カダ ルチャ

- get cooler and cooler は「ますますかっこよくなる」という意味の表現です。
- genial（ヘニアル）は「天才的」「素晴らしい」という意味です。cada vez は「毎回」。

¡Amo tus técnicas aéreas!
アモ トゥス テクニカス アエレアス

- 一時期の棚橋選手のキャッチコピーが、High Flying Star でしたね。
- técnica は「テクニック」を表します。

Gracias a ti me empezaron a gustar las técnicas de submisión.
グラシアス ア ティ メ エンペサロン ア グスタール ラス テクニカス デ スブミシオン

- because of は「～が理由で」という意味の表現で、後ろには名詞、代名詞が置かれます。
- gracias a ～は「～のおかげで」を意味する表現です。

Siempre es emocionante verte luchar.
シエンプレ エス エモシオナンテ ベルテ ルチャール

- exciting は「わくわくさせる」という意味の単語です。
- emocionante は「感動的な」という意味です。luchar は「戦う」を表す動詞。

Fuerte, grande, ágil, encantador e increiblemente genial ¡Te amo!
フエルテ グランデ アヒル エンカンタドール エ インクレイブレメンテ ヘニアル テ アモ

- incredibly cool は「信じられないくらいかっこいい」という意味の表現です。
- i で始まる語の前に y（「～と」の意味）が来る場合、y（イ）が e（エ）に変わります。

E 043 / S 043	あなたの **芸術的なマスク**が 大好きです！	I love your artistic mask!
E 044 / S 044	ずーっと**日本**にいて ほしいです！	I hope you stay in Japan forever!
E 045 / S 045	ピカピカ光るジャケットが ピンクの髪の毛の色と 合っていて素敵です！	**The shiny jacket matches your pink hair and looks fantastic!**
E 046 / S 046	NJPW STRONGで あなたのファンに なりました！	**I became a fan of yours when I saw you in New Japan Strong!**
E 047 / S 047	ユナイテッドエンパイア は最高のユニットだ！	**United Empire is the best faction!**
E 048 / S 048	あなたが1番輝く タイミングを 楽しみにしています。	I can't wait to see you shine the brightest.
E 049 / S 049	あなたの 夢が叶う事を 僕も夢見ています！	I hope that your dream comes true, too!

5 褒める

| E 050 / S 050 | 今のあなたはとても
輝いています。 | **You're really shining
right now!** |

ア モ トゥ マス カ ラ
¡Amo tu máscara
ア ル ティ ス ティ カ
artística!

- love は「〜を愛している」という意味だけでなく、このように「〜が大好きだ」という意味でよく使われます。
- スペイン語の動詞は主語に応じて、6種の活用があります。amar「愛する」の一人称単数形が amo です。

エ ス ペ ロ ケ テ ケ デ ス エン
¡Espero que te quedes en
ハ ポン パ ラ シ エン ブ レ
Japón para siempre!

- you stay in は「あなたが〜に滞在する」という意味の表現です。
- j はハ行で発音するので Japón はハポンになります。

トゥ チャ ケ タ ブ リ ジャン テ コン ビ ナ
Tu chaqueta brillante combina
コン エ ル コ ロール デ トゥ カ ベー ジョ
con el color de tu cabello
ロ サ イ セ ベ ファン タ ス ティ カ
rosa y se ve fantástica.

- look fantastic は「素敵に見える」という意味の表現です。
- se ve 〜で「〜に見える」と言う意味になります。brillante は「輝く」という意味です。

メ コン ベ ル ティ エン トゥ ファン
Me convertí en tu fan
ク アン ド ベイ ア ニュー ジャ パン
cuando veía New Japan
ス ト ロング
Strong.

- become a fan は「ファンになる」、became は become の過去形です。
- ファンは英語と同じ fan です。より熱狂的なファンは fanático/ca(ファナティコ/カ)となります。

ユ ナイ テッド エン パイ ア エ ス
¡United Empire es
エ ル メ ホール グ ル ボ
el mejor grupo!

- best faction は「最高のユニット(派閥)」という意味の表現です。
- grupo は「グループ」「ユニット」を表します。mejor は「最高の」という意味。

エ ス ペ ロ コン アン シ ア ス
Espero con ansias
エ ル モ メン ト エン エ ル ケ
el momento en el que
ジェ ゲ ス ア ロ マ ス アル ト
llegues a lo más alto.

- can't wait to see は直訳すると「見るのが待ちきれない」、つまり「楽しみにしている」という意味です。
- momento は「瞬間」を意味します。Un momento(ウン モメント)で「ちょっと待って」と言う表現に。

ジョ タン ビ エン ア ネ ロ ケ トゥ
Yo también anhelo que tu
ス エー ニョ セ ア ガ レ ア リ ダ
sueño se haga realidad.

- dream come true は「夢が叶う」という意味の表現です。
- Yo は「私」。Yo también は「私も」と言う意味。realidad の最後の d はほとんど発音しません。

トゥ エ ス タ ス ブ リ ジャン ド
Tú estás brillando
エン エ ス テ モ メン ト
en este momento.

- shining は「輝いている」、right now は「今、この瞬間」という意味の表現です。
- 「輝く」を意味する brillar(ブリジャール)。estás brillando は現在進行形です。

E 051 / S 051 初めてあなたを見た時衝撃が走りました。	I was amazed **the first time I saw you.**
E 052 / S 052 まさかのバレットクラブ入りにびっくりしました。	I was surprised **by your Bullet Club entry.**
E 053 / S 053 今まで出会った選手の中であなたが1番理想の体型です！	Of all the wrestlers, you have **the best body!**
E 054 / S 054 新しいコスチュームすごく似合っています！	The new costume looks great on you!
E 055 / S 055 G1最高でした！	G1 Climax was amazing!
E 056 / S 056 試合も**バクステ**も最高です！	Your matches and backstage comments are amazing!
E 057 / S 057 あなたには**素晴らしい才能**があります！	You're so gifted!
E 058 / S 058 技の一つ一つが本当に美しいです。	Each of your moves is truly beautiful.
E 059 / S 059 あなたは**最高のエンターテイナー**です！	You're such a great entertainer!

Me impresionaste la primera vez que te vi.
メ インプレシオナステ ラ プリメラ ベス ケ テ ビ

- was amazed は「非常に驚かされた」という意味の表現です。
- me impresionaste は「あなたは私を感動させた」という意味で過去形の表現です。

Me sorprendí con tu ingreso a Bullet Club.
メ ソルプレンディ コン トゥ イングレソ ア バレット クラブ

- surprised は「驚いた」、was surprised by は「〜に驚いた」です。
- a は「〜へ」「〜に」を意味する前置詞で、tu は「あなたの」という意味です。

¡De todos los luchadores que he conocido, tienes el mejor físico!
デ トドス ロス ルチャドーレス ケ エ コノシド ティエネス エル メホール フィシコ

- the best body は「1番理想の体型」という意味の表現です。
- luchadores は複数形です。女性選手の場合は luchadora (単数) -s (複数)。

¡El nuevo traje te queda muy bien!
エル ヌエボ トラヘ テ ケダ ムイ ビエン

- look great on 〜は「〜に似合う」という意味の表現です。
- muy bien は「とても良い」という意味の表現です。

¡G1 Climax fue increíble!
G1 クライマックス フエ インクレイブレ

- 試合中に、That's amazing.「見事だ、素晴らしい」と声を上げる外国人ファンも少なくありません。
- fue は ser動詞の過去形で「〜だった」という意味です。

¡Tus luchas y comenarios post-lucha son asombrosos!
トゥス ルチャス イ コメンタリオス ポスト ルチャ ソン アソンブロソス

- backstage comments は「バックステージコメント」、「バクステ」のことです。
- y はイと発音し、「〜と」「そして」という意味。L・I・J の締めコメントでもお馴染みですね。

¡Tienes un talento increíble!
ティエネス ウン タレント インクレイブレ

- 「天賦の才のある人」の中で、特に優れている人たちのことを gifted と呼んだりもしますよね。
- tienes は「あなたは持っている」、talento は「才能」という意味です。

Cada una de tus técnicas es realmente hermosa.
カダ ウナ デ トゥス テクニカス エス レアルメンテ エル モサ

- each of は「〜の一つ一つ」、moves はここでは「プロレス技」という意味の表現です。
- hermosa は「美しい」「綺麗」を表す形容詞。男性名詞の時は hermoso (エルモソ) に変化します。

¡Eres el mejor entretenedor!
エレス エル メホール エントレテネドール

- such a great entertainer は「(本当に) 最高のエンターテイナー」です。
- 相手が女性だったら ¡Eres la mejor entretenedora!

あなたの試合は
唯一無二です。
E 060
S 060

Your matches are unique.

変幻自在の
テクニックにいつも
驚かされています！
E 061
S 061

I'm always amazed by your versatility!

6 お願いをする

あなたのポーズを私に
教えてもらえませんか？
E 062
S 062

Can you show me your hand sign?

握手を
してくれませんか？
E 063
S 063

Can I shake your hand?

ハイタッチして
もらえますか？
E 064
S 064

Can I get a high-five?

ハグして
もらえませんか？
E 065
S 065

Can you give me a hug?

サインをして
いただけますか？
E 066
S 066

Can I have your autograph, please?

一緒に写真をとっても
いいですか？
E 067
S 067

Can I take a picture with you?

トゥス ル チャ ス ソン
Tus luchas son
ウ ニ カ ス
únicas.

your matches と複数形にすることによって「どの試合も素晴らしい」と伝えることができます。

única は「唯一の」「ユニークな」という意味です。

シ エン ブ レ メ ソルブレンデン
Siempre me sorprenden
トゥ ス テ ク ニ カ ス ベル サ ティ レ ス
tus técnicas versátiles.

versatility はこの文では「変幻自在のテクニック」という意味で使われています。

versátil は、「万能の」を表す形容詞。名詞の性や数（ここでは técnicas 女性複数）で変化します。

ブ エ デス モ ス ト ラ ル メ
¿Puedes mostrarme
コ モ ポ サ ス
cómo posas?

Can you ～？ は「～してくれませんか？」と相手にお願いをするときに使える表現です。

¿Puedes ～？ は「あなたは～できますか？」→「～してもらえますか？」という表現です。

ブ エ ド エ ス ト レ チャ ル テ
¿Puedo estrecharte
ラ マ ノ
la mano?

Can I ～？「～してもよいですか？」は非常に便利で多用できる表現です。

¿Puedo ～？ は「私は～できますか？」→「～してもいいですか？」という表現です。

ブ エ ド チョ カー ル ロ ス
¿Puedo chocar los
シ ン コ コン ティ ゴ
cinco contigo?

high-five は「ハイタッチ」のことです。

cinco は数字の「5」で los cinco は「ハイタッチ」のこと。英語でいう high-five ですね。

ブ エ デス ダ ル メ ウ ン
¿Puedes darme un
ア ブ ラ ソ
abrazo?

Can I have a hug? も同じようにお願いをすることができます。

abrazo はハグのこと。プロレス技のベアハグは Abrazo de Oso（アブラソ デ オソ）。

メ ブ エ デス フィル マ ル ウ ン
¿Me puedes firmar un
オ ウ ト グ ラ フォ ボ ル ファ ボー ル
autógrafo, por favor?

autograph は「（芸能人やスポーツ選手のする）サイン」のことです。

por favor は「お願いします」という意味のフレーズ。よく使うので覚えちゃいましょう。

ブ エ ド ト マ ル メ
¿Puedo tomarme
ウ ナ フォ ト コン ティ ゴ
una foto contigo?

take a picture は「写真をとる」という意味の表現です。

contigo は「あなたと一緒に」という意味です。

🔊 E 068 S 068 Kanaと書いて いただけますか？	🇺🇸 Could you please **write 'Kana'?**
🔊 E 069 S 069 新しいグッズを もっと出してください。	🇺🇸 **Please release more new merchandise.**
🔊 E 070 S 070 私服の写真を Instagramに 投稿してください！	🇺🇸 **Post** your outfit of the day **on Instagram!**
🔊 E 071 S 071 このTシャツに サインして いただけますか？	🇺🇸 **Could you** autograph **this T-shirt for me, please?**

7 質問をする

🔊 E 072 S 072 京都に行ったことは ありますか？	🇺🇸 Have you been to **Kyoto?**
🔊 E 073 S 073 あなたのお気に入りの タッグパートナーは 誰ですか？	🇺🇸 Who's **your favorite tag team partner?**
🔊 E 074 S 074 お元気ですか？	🇺🇸 How are you doing?
🔊 E 075 S 075 怪我の具合は どうですか？	🇺🇸 How's **your injury?**

ボドリアス エスクリビール
¿Podrías escribir Kana?

Could you please～？は「～していただけますか」という丁寧な依頼表現です。

¿Podrías ～？は「～していただけませんか？」という丁寧な婉曲表現です。

ポル ファボール ランサ マス プロドゥクトス トゥジョス ヌエボス
Por favor, lanza más productos tuyos nuevos.

merchandise は「商品」という意味の単語で、merch と略される場合もあります。

producto は「製品」のことで、「グッズ」を表します。más は「もっと」の意味。

プブリカ トゥ アウトフィット デル ディア エン インスタグラム
Publica tu outfit del día en Instagram.

outfit of the day は「私服」という意味で、ＳＮＳ上では頭文字を取って OOTD と略されています。

ハッシュタグ#Outfitdeldía でＳＮＳに私服をアップしている方が多いです。

ボドリアス フィルマルメ エスタ カミセタ ポル ファボール
¿Podrías firmarme esta camiseta, por favor?

ここでの autograph は「～にサインを書く」という意味の動詞で使われています。

camiseta は「Tシャツ」のこと。メキシコでは playera （プラジェラ）という方も多いです。

アス エスタド エン キオト
¿Has estado en Kioto?

Have you been to ～？は「～に行ったことがありますか」という意味です。

スペイン語だと「京都」は Kioto、「東京」は Tokio というスペルになります。

キエン エス トゥ パレハ ファボリタ クアンド ルチャス エン エキポス
¿Quién es tu pareja favorita cuando luchas en equipos?

favorite は「大好きな、お気に入りの」という意味の単語です。

pareja は「カップル」を意味し、ルチャ・リブレの場合は「タッグパートナー」を表します。

コモ エスタス
¿Cómo estás?

相手に会って最初に交わす挨拶として定番の表現です。

挨拶によく使います。Hola （オラ）「やあ、こんにちは」と話しかけることも多いです。

コモ エスタ トゥ レシオン
¿Cómo está tu lesión?

How's は How is の短縮形で「～はいかがですか」、injury は「怪我」です。

¿Cómo está tu ～？で「あなたの～はどうですか？」と相手にたずねる表現です。

🔊 好きな日本食は E 076 S 076 何ですか?	🇺🇸 **What's your favorite Japanese food?**
🔊 日本について E 077 S 077 どう思いますか?	🇺🇸 **What do you think about Japan?**
🔊 普段、 E 078 どんなトレーニングを S 078 していますか?	🇺🇸 **What kind of training do you do normally?**
🔊 日本全国巡業した中で 特に気に入った**地域**は E 079 S 079 どこですか?	🇺🇸 **Which is your favorite tour location in Japan?**

8 買い物をする

🔊 いくらですか? E 080 S 080	🇺🇸 **How much does it cost?**
🔊 白いTシャツは E 081 S 081 ありますか?	🇺🇸 **Do you have a white T-shirt?**
🔊 あなたのマスクを E 082 S 082 買いたいのですが。	🇺🇸 **I'd like to buy your mask.**
🔊 これとこれを下さい。 E 083 S 083	🇺🇸 **I'll have this and this, please.**

¿Cuál es tu comida
ハポネサ ファボリタ
japonesa favorita?

What is your favorite 〜？「好きな〜は何ですか」という形は、質問する際に使えるとても便利な表現です。

¿Cuál?は「どれ」と聞くときに使います。comida japonesa は日本食。

¿Qué te parece
ハポン
Japón?

What do you think about 〜？は相手の意見を聞きたい時に便利な表現です。

¿Qué te parece?は「あなたはどう思いますか？」という意味。覚えておくと便利なフレーズ。

¿Qué tipo de
エントレナミエント アセス
entrenamiento haces
ノルマルメンテ
normalmente?

ここでのnormally は「普段」という意味で使われています。

「トレーニング」は entrenamiento。ちなみに「ジム」のことは gimnasio（ヒムナシオ）といいます。

¿Cuál es tu lugar favorito
デ ヒラ エン ハポン
de gira en Japón?

ここでのlocation は「地域、場所」という意味で使われています。

gira はヒラと発音し、「ツアー」を意味します。

¿Cuánto cuesta?

How much は「いくら」、does it cost は「それはいくらですか」です。

買い物などで「いくらですか？」と聞く時に使うフレーズです。Cuánto は「いくつ」という意味。

¿Tienes una
カミセタ ブランカ
camiseta blanca?

Do you have 〜？は「〜を持っていますか」「〜はありますか」という意味の表現です。

blanca は「白い」という意味。「黒いシャツ」なら camiseta negra（ネグラ）になります。

Me gustaría comprar tu
マスカラ
máscara.

I'd like to do「私は〜したい」のdo を、さまざまな動詞に入れ替えて文を作ってみてください。

Me gustaría は「できれば〜したいです」という意味。Quiero より丁寧な婉曲表現です。

Me llevaré esto y
エスト ポル ファボール
esto, por favor.

I'll have は「〜を持つつもり」、つまり「〜を買います」という意味になります。

買い物などで「これ」と言いたい時に esto（エスト）と商品を指し示しながら使えます。

9 感謝する

E 084
S 084
日本に来てくれて
ありがとう。

Thank you for
coming to Japan.

E 085
S 085
ボードを指さし
ハンドサインを返して
くれてありがとう!

Thank you for pointing
at the board and giving
me your hand sign!

E 086
S 086
あなたの試合を
日本で見られることが
本当に嬉しい!

I'm really happy to
be able to watch your
matches in Japan!

E 087
S 087
日本で試合することを
選んでくれて
本当にありがとう!

Thank you very much
for choosing to wrestle
in Japan!

E 088
S 088
いつも最高の試合を
ありがとう!

Thank you for always
delivering the best
bouts!

E 089
S 089
あなたの試合を生で
観ることが出来て
感激しています!

I'm deeply moved to
be able to watch your
matches live!

E 090
S 090
大変な時もずっと
日本にいてくれて
ありがとう!

Thank you for staying
in Japan during
tough times!

E 091
S 091
頑張る力、勇気を
ありがとうございます!

Thanks for showing me
how to stay strong and
never give up!

グラシアス ポル ベニル ア
Gracias por venir a
ハ ポン
Japón.

coming to Japan は「日本に来てくれたこと」という意味を表します。

Gracias は「ありがとう」Muchas gracias（ムーチャス グラシアス）は「どうもありがとう」。

グラシアス ポル セニャラル エル
¡Gracias por señalar el
カルテル イ ダルメ トゥ セニャル
cartel y darme tu señal
コン ラ マノ
con la mano!

give me your hand sign は「私にハンドサインをしてくれる」という意味の表現です。

mano は「手」のことです。

エストイ ムイ フェリス デ ポデル
Estoy muy feliz de poder
ベル トゥス ルチャス エン ハ ポン
ver tus luchas en Japón.

I'm happy to be able to do は「～することができて嬉しい」という意味の表現です。

Estoy feliz で「私は幸せ」という意味。悲しい場合は Estoy triste（トリステ）。

ムー チャス グラシアス ポル
¡Muchas gracias por
エレヒール ルチャール エン ハ ポン
elegir luchar en Japón!

Thank you for ～ing「～してくれてありがとう」は非常によく使われるフレーズです。

elegir は「選ぶ」という意味の動詞です。

グラシアス ポル シエンプレ
¡Gracias por siempre
ブリンダル ラス メホーレス
brindar las mejores
ルチャス
luchas!

best bout は「最高の試合」、文字通り「ベストバウト」です。

スペイン語では疑問文は¿○○？で挟み、感嘆文は¡○○！で挟みます。

エストイ プロフンダメンテ
Estoy profundamente
コン モ ビド コン モ ビダ ポル
conmovido/conmovida por
ポデル ベル トゥス ルチャス エン ビボ
poder ver tus luchas en vivo.

deeply moved は「非常に感動している・感激している」という意味の表現です。

en vivo は「ライブの」「生の」という意味です。話者が男性なら conmovido, 女性なら -da となります。

グラシアス ポル ケダルテ
¡Gracias por quedarte
エン ハ ポン エン モ メントス
en Japón en momentos
ディフィシレス
difíciles!

stay in は「～に滞在する」、during は「～の間」という意味になります。

difícil は「難しい」を意味する形容詞。ここでは複数形の名詞に合わせて複数形になっています。

グラシアス ポル モストラルメ
¡Gracias por mostrarme
コ モ マンテネルメ フエルテ
cómo mantenerme fuerte
イ ヌンカ レンディルメ
y nunca rendirme!

how to stay strong は「強くあり続ける方法」、つまり「頑張る力」です。

fuerte は「強い」という意味です。rendir は「ギブアップさせる」という意味があります。

10 別れの挨拶

🔊 **日本で楽しく**
E 092　**過ごしてくださいね!**
S 092

🇺🇸 **Have fun in Japan!**

🔊 **今晩の試合は**
E 093　**絶対忘れません!**
S 093

🇺🇸 **I'll never forget tonight's match!**

🔊 **あなたのサインを**
E 094　**家宝にします!**
S 094

🇺🇸 **I'll treasure our autograph!**

🔊 **頑張ってください。**
E 095
S 095

🇺🇸 **Give it your best (shot).**

🔊 **またすぐ日本に**
E 096　**戻ってきてください。**
S 096

🇺🇸 **Please come back to Japan soon.**

🔊 **素敵な一日を**
E 097　**お過ごしください。**
S 097

🇺🇸 **Have a wonderful day.**

🔊 **これからもずっと**
　　新日本のリングで
E 098
S 098　**試合してください。**

🇺🇸 **Please keep on wrestling in NJPW forever.**

🔊 **とにかく、**
E 099　**ケガはしないで!**
S 099

🇺🇸 **Anyway, take care and don't get injured!**

🔊 **これからも**
E 100　**ずっと応援しています。**
S 100

🇺🇸 **I'll keep supporting you forever.**

🔊 ¡Disfruta de Japón!
ディスフルタ デ ハ ポン

Have fun は「楽しく過ごしてください」という意味の表現です。

Disfruta de 〜は「〜を楽しんでください」という意味になります。

🔊 ¡Nunca olvidaré la lucha de esta noche!
ヌンカ オルビダレ ラ ルチャ デ エスタ ノ チェ

never forget は「〜を決して忘れない」という意味の表現です。

Nunca olvidaré は「私は決して忘れない」という意味で、未来形の表現です。

🔊 Atesoraré tu autógrafo.
ア テ ソ ラ レ トゥ アウトグラフォ

ここでの treasure は「〜を家宝にする」という意味の単語です。

「サイン」は autógrafo。ネコ系マスクマンはサインに肉球のイラストを添えることも。

🔊 Da lo mejor de ti.
ダ ロ メホール デ ティ

your best shot は「できるだけのこと」という意味の表現です。

Da は「与える」の意味の動詞 dar の命令形。Da me（ダメ）は「私にちょうだい」という意味になります。

🔊 Por favor, regresa a Japón pronto.
ポル ファボール レ グ レ サ ア ハ ポン プロント

come back は「戻る、帰ってくる」という意味の表現です。

regresar は「戻る」の意。頭の r は巻き舌の発音になります。

🔊 Que tengas un bonito día.
ケ テンガス ウン ボ ニ ト ディア

類似表現である Have a good day.「良い一日を」も押さえておきましょう。

bonito は「素敵な」という意味の形容詞です。

🔊 Por favor, sigue luchando en New Japan Pro Wrestling para siempre.
ポル ファボール シ ゲルチャンド エン ニュー ジャパン プロ レスリング パ ラ シエンプレ

ここでの wrestling は「試合をすること」という意味で使われています。

para siempre は「永遠に」を表します。

🔊 Sea como sea, cuídate y no te lastimes.
セ ア コ モ セ ア クイダテイ ノ テ ラ ス テ イ メ ス

take care は「気を付ける」、get injured は「ケガをする」という意味です。

cuídate は「気を付けて」と言う意味で、別れ際の挨拶にもよく使います。

🔊 Seguiré apoyándote para siempre.
セ ギ レ ア ポ ジャンド テ パ ラ シエンプレ

keep supporting は「〜を応援し続ける」という意味の表現です。

seguir＋現在分詞で「〜し続ける」という意味になります。seguiré は一人称単数の未来形。

プロレス例文、ルチャ用語で覚える
英語&スペイン語文法講座

苦手な文法も、プロレスやルチャ・リブレを絡めれば理解促進!
大事な文法項目を、プロレスラーの名言やルチャ用語とセットでご紹介します。

🇺🇸 英語

 E 101

❶ be 動詞

be動詞(am, is, are)は、主語に応じて使われる形が変わります。
be動詞の前後はイコールの関係になります。

I am the law!
Remember that!
俺が法律だ! よく覚えとけ!

"キング・オブ・ダークネス" EVIL 選手のコメントの英訳です。主語が一人称(I)で単数、現在形の文では、be動詞は am を使います。I am は、I'm に短縮することができます。

We are gonna change everything!
俺たちが必ず景色を変える!

Just 5 Guys, Takaみちのく選手のコメントです。主語が二人称(You)や複数(We, They)、現在形の文では、be動詞は are を使います。

This is the power of the United Empire!
これがユナイテッドエンパイアの力だ!

グレート -O- カーン選手のコメントです。主語が三人称単数(I, We, You以外で単数のもの)、現在形の文では、be動詞は is を使います。

New Japan's main star is me!
新日本プロレスの主役は俺だ!

内藤選手の名言の英訳です。be動詞(ここではis)の後ろに人称代名詞 (I, my, me など)を置く場合は、目的格である me を使います。

❷ 時制

英語では動詞の形を変えることで「現在」「過去」「未来」といった「時」を表すことができます。
3つの他には、「完了形」「進行形」との組み合わせも存在します。

I love you!
愛してま〜す!

お馴染みの棚橋選手のマイクアピールの英訳です。英語にすると誰もが知っているフレーズになりますね。動詞の現在形は、「現在」だけでなく、「過去」や「未来」でも変わらない不変の真理を表すことができます。

I'm gonna blow you away!
いっちゃうぞバカヤロー!

小島選手のアピールの英訳です。I'm gonna は I am going to~「(これから)〜するつもりだ」という意味です。blow you away は「ぶっ飛ばす」を表します。

I have never been tired in my life.

俺は生まれてから一度も疲れたことがない。

棚橋選手の口癖です。「have＋過去分詞」は現在完了で、「(今まで)〜したことがある」という経験を表すことができます。never は「一度も〜したことがない」と経験を全否定する表現です。

The Summer of Ospreay has come to an end.

オスプレイの夏が終わった。

オスプレイ選手の SNS での投稿です。主語が単数なので、have ではなく、has に形が変わります。come to an end で「終わりになる」という意味で、「残念、寂しい」気持ちが含まれています。

❸比較

「他と比べてどうか」を比較する表現はプロレスでも頻出します。英語の比較表現には「比較級」、「最上級」、「原級」があります。

More! More! More! More! Let's all have more fun together!

もっと! もっと! もっと! もっと! もっと! みんなでーー! 楽しもうぜーー!!

ヒロム選手の名言の英訳です。more は「もっとたくさん」という意味の単語です。ここでの more の元の形は much「たくさんの」です。

I like Sapporo the best in Japan.

日本で一番札幌が好きです。

SANADA 選手の名言の英訳です。the best は「一番良い」という意味です。このような「一番〜だ」を表す表現を「最上級」と呼びます。

❹その他

You must answer "Yes" or "Yes".

"イエス"か"はい"で答えろ。

鷹木選手の名言の英訳です。must は「〜しなければならない」という意味の助動詞です。助動詞は動詞の原形の前に置いて話者の主観を表します。

We dream because we live in a dreamless age.

夢のねえ時代だから夢を見るんだよ。

真壁選手の名言の英訳です。because「〜なので」は接続詞と呼ばれ、2つの文を繋ぐ役割があります。because の後ろには「理由」を表す文が続きます。

I have nothing special to say.

特にありません。

オカダ選手のマイクアピールの英訳です。「to＋動詞の原形」は不定詞と呼ばれ、ここでは nothing special (特に何もない) の後ろから to say (言うことが) という意味を付け足しています。

❶ 名詞

スペイン語には名詞に性別（男性名詞と女性名詞）があります。基本的には、語尾が
「-o」で終わる名詞は男性名詞、「-a」で終わるものは女性名詞になることが多いです。

luchador/luchadora
ルチャドール／ルチャドーラ

ルチャ・リブレでは、プロレスラーのことを男性選手は、
luchador（ルチャドール）、女性選手は luchadora（ル
チャドーラ）と呼びます。

Rey Cometa
レイ・コメタ

rey は「国王」という意味の男性名詞です。Rey
mysterio（レイ・ミステリオ）など、多くの男性選手
のリングネームにも使われています。「女王」という
意味の女性名詞は reina です。

Reyes del Aire
レジェス・デル・アイレ

名詞には複数形があり、rey の複数形は reyes（レ
ジェス）となります。Reyes del Aire は CMLL にて
2005年以降毎年開催されているトーナメントで、「空
の王者」という意味です。

❷ 冠詞

名詞の前には冠詞が置かれます。
男性名詞、女性名詞、単数、複数で、それぞれ使われる冠詞が異なります。

El Desperado
エル・デスペラード

単数形の男性名詞の前には El という冠詞が置かれ
ます。El Samurai（エル・サムライ）、El Gigante（エ
ル・ヒガンテ）など多くの男性選手のリングネーム
にも使われています。

La Magistral
ラ・マヒストラル

女性名詞の前には、La という冠詞が置かれます。La
Sombra（ラ・ソンブラ）など、女性名詞の男性選手
に使用される場合は要注意です。

Los Guerreros Laguneros
ロス・ゲレーロス・ラグネロス

ファンタスティカマニアでもお馴染み、ウルティモ・
ゲレーロ親分がリーダーのユニット名です。「ラグー
ンの戦士たち」という意味があります。Los は男性
名詞複数形につく定冠詞です。

Las Cachorras Orientales
ラス・カチョーラス・オリエンタレス

下田美馬さんが全日本女子プロレス時代に組んでい
たユニットです。「東洋の獰猛な子犬」という意味で
名付けられました。Las は女性名詞複数形につく定
冠詞です。

❸前置詞　前置詞は、名詞の前に置かれ、ほかの語句との結びつきや関係を表します。

Los Ingobernables de Japón
ロス・インゴベルナブレス・デ・パポン

de は「～の」などの意味を表します、二つの語句をつなぎ合わせる機能を持ちます。前置詞 de の直後に定冠詞 el が続く場合は、de el ではなく、del と一語にして表します。(例) Panterita del Ring (パンテリータ・デル・リング) 選手。

Topé con giro
トペ・コン・ヒーロ

con は「～と、～で」などの意味を表し、英語では with に相当します。topé は「衝突」、giro は「回転」の意味なので、直訳すると「衝突と回転」です。

sin limite de tiempo
シン・リミテ・デ・ティエンポ

sin は「～なしで」という意味の前置詞。con の対義語で英語の without に相当します。時間のリミットなし、つまり「時間無制限」という意味です。

❹数詞　数詞は、場外カウントのように単独で使われる場合と、名詞の前に置いて数を表す場合があります。

Dos Caras
ドス・カラス

dos はスペイン語で「2」。caras は cara「顔」の複数形なので、ドス・カラスで「2つの顔を持つ」という意味です。

Mil Máscaras
ミル・マスカラス

「千の顔を持つ男」のニックネームを持つ伝説のルチャドール。スペイン語で mil には「1000」、más caras には「マスク (の複数形)」の意味があります。

❺動詞　スペイン語には be 動詞に当たる動詞が2種類存在し、ser 動詞、estar 動詞と呼ばれています。soy などの ser 動詞は「性質・特徴」、estoy を含む estar 動詞は「状態」を表します。

Soy el campeón.
俺はチャンピオンだ。

カマイタチ選手の決め台詞です。Yo soy ～は「私は～です」という意味で、「性質・特徴」を表します。スペイン語は主語 (ここでは Yo) が省略されることも多いです。Tú eres ～「君は～です」、Él/Ella/Usted es ～「彼／彼女／あなたは～です」と活用します。

Estoy muy cansado.
すごく疲れました。

内藤選手の SNS の投稿です。Yo estoy ～も「私は～です」という意味で「(一時的な) 状態」を表します。Tú estás ～「君は～です」、Él/Ella/Usted está ～「彼／彼女／あなたは～です」と活用します。

3 | 驚くほど記憶に残る!?
マスクと覚える**スペイン語**

インパクト抜群なルチャドールのマスクはスペイン語学習にも最適!?
ティタン選手のマスクコレクション、元井美貴さんのイラストとセットでスペイン語を覚えましょう!

マスク×色 色鮮やかなで個性豊かなティタン選手のマスク。今回はご本人に掲載許可をいただき、カラフルなマスクコレクションの一部をご紹介します! S 102

Celeste 水色／**Azul** 青

Verde 緑／**Rojo/a** 赤

Dorado/a 金／**Plateado/a** 銀

Gris 灰色／**Negro/a** 黒

Blanco/a 白

Violeta 紫

Rosa, Rosado/a ピンク

Naranja オレンジ

Amarillo/a 黄色

マスク×動物

リングネームとマスクの形が関連しているルチャドールを元井美貴さんが厳選。ご本人によるイラスト&解説でご紹介します！

 S 103

FELINO Jr.
フェリーノ・Jr.

2020年12月に父の Felino（ネコ科の意味）からマスクを受け継いだ。以前は Tiger として来日。

Cachorro
カチョーロ

意味は「子犬」。2023年10月に父のマスクと名前を受け継ぎ「イホ・デ・ブルーパンテル」になった。

Panterita del Ring
パンテリータ・デル・リング

Pantera + 縮小辞 ita で「小さな豹」の意味。Jr は Máscara Dorada2.0に生まれ変わった。

Esfinge
エスフィンヘ

意味は「スフィンクス」で必殺技は Nudo Egipcio（ヌド・エヒプシオ）。マスクがいつもおしゃれ！

Coyote
コヨーテ

リング上でアオーウッ！と吠える姿はコヨーテそのもの。Coyote はアステカのナワトル語 coyotl が由来。

Pegasso
ペガッソ

Pegaso（ペガサス）らしいタテガミのようなフリンジがトレードマーク。天を翔ける馬の如く空中技が得意。

Rugido
ルヒド

Los Depredadores メンバーの中で唯一マスクがモフモフしている。名前の意味は「ほえ声」。

Dragon Rojo Jr.
ドラゴン・ロホJr.

意味は「赤いドラゴン」。2023年アニベルサリオで Templario とのマスカラ戦に敗れ素顔になった。

Periquito Sacaryas
ペリキート・サカリアス

Perico + ito「小さなインコ」ルードチームのマスコットで、攻撃的に試合に介入することが多い。

4 | 海外の会場で頻発！？ 応援＆野次で使われるチャント

アメリカやメキシコの試合会場で聞くことができる応援＆野次で使われるチャントをご紹介！
野次チャントは要注意。汚い言葉も多いので日常生活での使用は控えましょう！

🇺🇸 感動、興奮とともに使われる賞賛チャント［英語］ 🔊 E 102

You still got it !
まだやれる！

Fight forever!
戦いよ、永遠なれ！

Best match ever!
最高の試合！

Holy shit!
超最高！

This is awesome!
超スゴイ！

You deserve it!
あなたはふさわしい！

Let's go XX!
行けXX!

🇺🇸 取り扱い注意！ 野次チャント［英語］ 🔊 E 103

You suck!
へなちょこ！

Ass-hole!
クソ野郎！

Boring!
つまらん！

You Sold Out!
裏切者！

🔊 感動、興奮とともに使われる賞賛チャント［スペイン語］ 🔊 S 104

Vamos!
行けー!

Increíble!
信じられない!

Esto es lucha!
これがルチャだ!

Dale duro!
もっと強く!

Otra! (Otro)
もう1回!

Viva México!
ビバ・メヒコ!

Arriba los rudos!
ルード万歳!

Arriba los técnicos!
テクニコ万歳!

🔊 取り扱い注意! 野次チャント［スペイン語］ 🔊 S 105

¡Beso, Beso!
キス! キス!

¡Devolución!
金返せ!

Otra Lucha!
次の試合!（つまらん!）

¡Tramposo!
反則野郎!

Column #03

プロレス・格闘技で訳すのが難しい英単語3選

こんにちは、小池水須香です。新日本プロレスでは記者会見やPodcastでのインタビューの通訳などを担当しています。ここでは私が、プロレス・格闘技の通訳をする中で、訳すのに苦労した3つの表現をご紹介します。

❶ Get Ready
「首を洗って待っておけ!」

Ready を使った表現は、『G1 Climax 33』の記者会見だけでも3回登場しました。I'm ready、Get ready など頻出するだけに、そのまま「準備」と訳すだけでは、表現が一辺倒になってしまってつまらない! そのため、激しめのコメントの時には「今すぐにでもやってやる!」「首を洗って待っておけ!」など強めの訳を選ぶこともあります。

❷ Determination
「意気込み」

格闘技・プロレスの現場では「意気込み」のひと言で、相手や試合に対する強気なコメントを求めます。その場合 enthusiasm「熱意」だと少し柔らかいし、強気だからと言って strong comment などと直訳するとネイティブっぽさに欠けます。そんな時に使えるのが、determination。格闘技の通訳さんが使っているのを見て、「これは!」と思い、今でもずっと活用しているお役立ち訳です。Please tell us your determination for the match と聞くと試合前の意気込みに一番近い回答をもらえます。

❸ Redemption
「汚名返上、名誉挽回」

2023年の夏、ジェフ・コブ選手から幾度となく出た言葉で、G1記者会見ではとっさに「リベンジ・贖罪」と訳した記憶があります。文脈的にはこれまで負けた選手達へのリベンジ(復讐・仕返し)でも通じるのですが、それよりももっと大きな意味を持たせたコメントでした。

英和辞典を見ると名詞の部分に「<神学>罪のあがない、贖罪」とあります。キリスト教由来の言葉で日本人にはあまり馴染みがない言葉なので、贖罪と言われても「?」となる人の方が多いでしょう。

こういう場合は、直訳に固執せず日本語ならどう表現するかを考えます。復讐だけでなく自身を許し解放する「汚名返上、名誉挽回」なども、本来の主旨から離れ過ぎずに寄り添える言葉かもしれません。

通訳は直訳ではなく、言葉と言葉を繋ぐお仕事なので、辞書に出ている言葉では足りない事が多々あります。ジェフ・コブ選手の redemption という言葉で英語の宗教観や日本語における言葉のあり方に気づくきっかけになりました。それぞれの国の文化や宗教的背景をも考えながら言葉を繋ぐお仕事は難しくもあり、相手を深く理解して訳ができた時は大きな喜びになります。

小池水須香 Mizuka Koike
通訳・翻訳家。新日本プロレス、UFC、MMA、ボクシングを始めとする格闘技や、MLB、NFL、NBAなどのメジャースポーツの中継番組などさまざまな現場で活躍中。

Chapter 4
プロレス英語&ルチャスペイン語語録

会見やリング上でのマイクアピールから実況アナウンサーでの発言まで、
英語、スペイン語の原文と日本語訳とセットで掲載!
プロレス語学のプロ（小池水須香さん、クリス・チャールトンさん、
濵﨑潤之輔さん、亢井美貴さん）4名による解説コメント付きです

小池水須香さん監修
記者会見での英語

Last year's A Block had monsters, but this year, Hikuleo is the only beast.

去年のAブロックは怪物揃いだったが、今年は俺しか野獣はいないようだ。
（ヒクレオ／『G1 CLIMAX33』公開記者会見）

解説 monster や beast はプロレスラーの間では褒め言葉ですね。怪物や獣のように強いヤツら。

Even if you don't win the tournament, beat him and you get a title shot. August 5, better be ready.

G1で優勝せずとも、アイツを倒せばタイトルに挑戦できる。8月5日は首を洗って待ってろよ。
（チェーズ・オーエンズ／『G1 CLIMAX33』公開記者会見）

解説 title shot は「タイトル挑戦」。shot は「試す」や「やってみる」など try と同じように使われます。I'll try を I'll give it a shot に言い換えると会話表現のバリエーションが増えます。

Look at my block, so many ugly faces. As you can see, I won 'best looking' in my block already. So tomorrow, I will beat everyone and win. Get ready.

俺のブロックを見て、ブスばっかり。ご覧の通りこのブロックの「イケメン」は俺で決まり。明日は全員倒して俺が勝つ。せいぜい準備しておけ。（KENTA／『G1 CLIMAX33』公開記者会見）

解説 ugly はブサイク、醜い、見苦しいといった訳が並びますが、KENTA選手語録のブスで統一！

I apologize for my injury. I'm just so happy to see all of you.

怪我をしてしまって申し訳なかった。今はただただみんなと会えた事が嬉しい。
(タンガ・ロア／『G1 CLIMAX33』公開記者会見)

解説 謝罪の時に apology、感謝の時に appreciate を使えるとネイティブっぽいです。

Everyone knows me as a tag wrestler, but I've had a successful singles career before that and I have picked up some new holds.

俺はタッグ・レスラーとして知られているが、それ以前はシングルでもキャリアを積み重ねて来たし、今回は新しい技もいくつか習得して来た。(マイキー・ニコルス／『G1 CLIMAX33』公開記者会見)

解説 プロレスでは、hold は技を意味します。Finish hold は「試合を決定付ける技」や「必殺技」。Submission hold は「関節技」。

I'm here to steal this G1.

俺はこのG1の主役になる。(ヘナレ／『G1 CLIMAX33』公開記者会見)

解説 steal the show は直訳すると「ショーを盗みに来た」ですが、「話題をさらう」や「主役を奪う」という意味があります。

I'm humbled to be in this tournament, but I didn't come here to take part, I came here to win. That trophy is coming back with me to Yonkers, New York.

G1に参戦できる事を謙虚に受け止めている。しかし、イチ参加者として来日したのではない。俺は優勝する為にここ来た。(エディ・キングストン／『G1 CLIMAX33』公開記者会見)

解説 冒頭では謙虚さを出しつつ、参加するだけはなく優勝しトロフィーを持って帰ると宣言。徐々に自分の強い意志を出して行くスピーチはとても効果的。

For me, it's redemption against the guys that beat me. It starts Sunday against Naito. My actions will speak louder than words, and I'll see you guys January 4.

このG1は俺がこれまで負けた奴らに対する汚名返上の意味がある。まずは日曜日の内藤から。行動は言葉よりも雄弁だ。お前ら1月4日に会おう。(ジェフ・コブ／『G1 CLIMAX33』公開記者会見)

解説 Action speak louder than words はアメリカのことわざです。日本語だと四字熟語の「不言実行」が近いでしょうか。

Everyone here is very dapper and strong. This block is thick and full of experience.

こいつらはみんなイケてて強い。このブロックは濃くて経験豊富な選手が揃っている。
(シェイン・ヘイスト／『G1 CLIMAX33』公開記者会見)

解説 dapper は男性への褒め言葉です。

This is the biggest G1, a big pool. But I wasn't in the lineup. It took a couple of Aussies leaving for me to finally be in on six weeks notice.

今年のG1は史上最大、ブロック数も多い。それなのに俺は当初メンバー入りしていなかった。オーストラリア人が2人出場できなくなり、1ヶ月半前にようやく出場が決まった。

（アレックス・コグリン／『G1 CLIMAX33』公開記者会見）

解説 6 week notice は、「6 週間前の知らせ・連絡」と言う意味。short notice はさらに直前の連絡。日本語だと1ヶ月半と言いがちですが、英語だと6週間です。

The B in B Block stands for 'Billy' and G stands for 'GOAT'. The G1 is mine.

BブロックのBはBilly のB、そしてGはGOATのG。今年のG1は俺のものだ。

（ウィル・オスプレイ／『G1 CLIMAX33』公開記者会見）

解説 Greatest of All Time を訳して GOAT。SNSでは goat「ヤギ」の絵文字で表したりしますね。Will は William のニックネームで、Bill や Billy とも略されるので、Will も Bill も Billy もオスプレイ選手の名前を表しています。

Real talk, name me one wrestler who went in 16 months from being locked up and sectioned to being in the G1? There's only one, War ready Gabe Kidd.

ぶっちゃけ、16ヶ月も閉じ込められていたのにG1に参戦した事のあるプロレスラーがいたら教えて？そんなヤツ1人しかいない。"War Ready" ゲイブ・キッド、俺だけだ。

（ゲイブ・キッドGabe Kidd／『G1 CLIMAX33』公開記者会見）

解説 Real talk... は「ぶっちゃけ」や「本音を言うと」のような英語表現です。To be honest with you「正直に言うと」の方が日常会話では頻出します。

クリス・チャールトンさん監修
マイクアピール＆実況の英語

I'll take away all of the moments that mean the most to you.

お前にとって大切な瞬間を全て奪ってやる。(ジェイ・ホワイト／2023年1月5日大田区体育館)

解説 A means a lot (the most) to me は「Aは自分にとって、とても（もっとも）大切」という意味を表します。

I am the standard, the conversation, the CEO of this women's division!

私は新しい基準、話題を提供する人物であり、この女子の階級のCEOよ！
(メルセデス・モネ／2023年1月4日東京ドーム)

解説 CEO = Chief Executive Officer、最高経営責任者のことです。モネ選手の元所属団体で使っていた "Boss" から昇進しています。

You'll surrender to the Sniper, because Robbie Eagles is mighty, and The Mighty Don't Kneel.

このスナイパーに降伏させてやる。俺は強者であり、決して挫けない。
(ロビー・イーグルス／2023年3月21日アオーレ長岡)

解説 kneel は「膝を曲げる」「膝まずく」という意味の動詞です。TMDKのチーム名は「強者は挫けない」と訳すことができます。

What you've given me is something more than money can buy.

お前らから金では買えない大切なものを貰った。(ジョン・モクスリー／2023年7月5日後楽園ホール)

解説 貴重なものには priceless（値段をつけられない）もよく使う表現です。「金では買えない価値ある」＝「最高に価値のある」という意味です。

You should have killed me when you had the chance, because I'm back for revenge!

あの時お前は俺を殺しておくべきだったな。俺はリベンジするために戻ってきた。
(ウィル・オスプレイ／2023年6月4日大阪城ホール)

解説 should have 過去分詞形〜で、「〜すべきだったのにしなかった」という意味を表します。

I spent years thinking "I would kill to have what Jay White has."

長い間、「ジェイ・ホワイトから全て奪ってやろう」と考えていた。(デビッド・フィンレー／2023年2月18日San Jose Civic)

解説 I would kill to〜で「ものすごく〜したい」という意味です。

At Dominion, the boogeyman of New Japan Pro Wrestling returns.

ドミニオンで新日本プロレスのブーギーマンが帰ってくる。(ジョン・モクスリー／2023年5月3日福岡国際センター)

解説 Boogeyman とは、悪い子どもたちを懲らしめる妖怪みたいなキャラクターです。モクスリー選手の場合はいつ、どこで襲ってくるが分からない、恐ろしいモノというニュアンスが込められています。

When you step into the ring with me, you're in the middle of the fXXXing desert! There won't be no rain.

俺と同じリングに立つということは砂漠に足を踏み入れることを意味するんだ! カネの雨はもう降らない。(ブライアン・ダニエルソン／2023年6月4日大阪城ホール)

解説 オカダ選手へのビデオメッセージで流れました。desert「砂漠」、dessert「デザート」、スペルミスに注意です!

I've fought for years to be on a stage like this, so it's not lost on me what it took to get here and what's ahead of me.

何年もの間、このような瞬間のために、頑張ってきたわ。だからこれまでの努力は決して無駄ではなくて、このために、そしてこれからのためにも活かされていくわ。(ウィロー・ナイチンゲール／2023年5月21日Walter Pyramid)

解説 be not lost on (人) で「(人) にその意味が通じる、よく分かる」という意味です。

You are not in the ring with another athlete. You're in the ring with a god!

お前が闘う相手は他のアスリートではない。神と戦うんだ!（ドン・キャリス／2023年1月3日ドーム前会見）

解説 Wrestling god ことケニー・オメガのマネージャー、ドン・キャリスの発言。キリスト教徒が信仰する「神様」は1人なので大文字 "God" を使いますが、「神のような存在」は小文字 "a god" で表記します。

SANADA looks like he's seen a ghost - he may have seen his extinction!

SANADAはとても驚いた顔! 絶滅と顔を合わせたのかもしれません!（英語実況／2023年5月3日福岡国際センター）

解説 試合後に辻陽太選手が乱入した時の実況です。You look like you've seen a ghost は直訳すると「あなたは幽霊を見たかのように見えます」。

It was bad for SANADA, but in the span of just a few months, he's done a complete 180.

数か月の短いスパンの間にSANADAが地獄から天国へ!（英語実況／2023年4月8日両国国技館）

解説 Do a 180で「180度回す」「状況を逆転させる」という意味があります。

True strength and fighting spirit can be in a technical classic, it can be in emotional drama, or it can be bathed in blood and barbed wire.

真の強さ、本当の闘魂はテクニカルレスリングに限られていない。感動のドラマにもあり、そして流血や有刺鉄線にもある。（英語実況／2023年7月5日後楽園ホール）

解説 bloodbath は「大流血」、be bathed in blood で「血まみれにされる」という意味です。

濱﨑潤之輔さん監修
インタビューでの英語

Talent alone doesn't win championships.
才能だけではチャンピオンにはなれない。（TJP／SUPER Jr. TAG LEAGUE 2022開催中のインタビュー）

解説 win championships は「優勝する」という意味のフレーズです。

I don't care about popularity or what the fans think.
俺は人気とか、ファンにどう思われるかなんて気にしないんだ。
（デビッド・フィンレー／ G1 CLIMAX 33前のインタビュー）

解説 care about 〜は「〜を気にする」という意味の表現です。what the fans think は「ファンが考えていること」という意味です。what ＋主語＋動詞は「主語が〜すること」という意味を表します。

'Say my name.'
「俺の名前を言ってみろ」。（ヒクレオ／ G1 CLIMAX 33前のインタビュー）

解説 「G1をワンフレーズ、もしくはワンセンテンスで表現するとしたら、どんな感じになるでしょうか？」という質問に対するヒクレオ選手の応答。

I'll be more of the catalyst sparking every fire that needs to be sparked in professional wrestling.

俺はプロレス界にある全ての火種を刺激する触媒、それを越えた存在になるんだ。
（ジェイ・ホワイト／WRESTLE KINGDOM 17前のインタビュー）

解説 catalyst は「触媒」、spark は「〜を刺激する」という意味の単語です。関係代名詞の that 以下が、先行詞である every fire「全ての火種」を後ろから説明しています。

We'll be in each match at 100%, so there'll be no excuses.

俺たちレスラーは1試合1試合100%の力を尽くして臨むし、決して言い訳などはしない。
（ELP／G1 CLIMAX 33前のインタビュー）

解説 be at 100% は「100%の力を出す」という意味です。there be「〜がいる・ある」は頻出表現です。

Filling my shoes isn't something that just anyone can do.

俺の後釜は誰にでもできるようなものではないんだ。（ケニー・オメガ／WRESTLE KINGDOM 17前のインタビュー）

解説 fill one's shoes は「人の代わりをする」という意味のフレーズです。

I don't take time off, and I'm always in peak shape.

俺には休みも不要だ、常にベストコンディションでいられるからな。
（トム・ローラー／G1 CLIMAX 32前のインタビュー）

解説 take time off「休みを取る」、be in peak shape「ベストコンディションである」というフレーズを押さえておきましょう。

The king is coming back for the keys to the castle.

王は城の鍵を取り返すために戻ってくるんだ。（ケニー・オメガ／WRESTLE KINGDOM 17前のインタビュー）

解説 IWGP US ヘビー王座のベルトをオスプレイ選手から取り戻すということを比喩的に表している発言です。

Nobody anywhere has this much strength in this size and frame.

このサイズと体格でこれだけの強さを持つ選手は世界中のどこにもいない。
（ドリラ・モロニー／BEST OF THE SUPER Jr. 30前のインタビュー）

解説 nobody anywhere do は「どこにも〜する人はいない」という表現です。frameはここでは「体格」という意味を表しています。

I'm ready to shock the world.

世界に衝撃を与える準備はできています。（メルセデス・モネ／WRESTLE KINGDOM 17後のインタビュー）

解説 be ready to do は「〜する準備ができている」という意味のフレーズです。

I've looked up to him for a long time.

俺はずっと彼のことを尊敬してきた。（ロビー・イーグルス／TMDKに加入直後のインタビュー）

解説 him はザック・セイバー Jr.選手のことです。look up to は「〜を尊敬する」という意味のフレーズです。

In a way everything happens for a reason.

ある意味、全ての出来事には理由があると言える。
（マーク・デイビス／NJPW STRONG 無差別級タッグ王座の獲得後のインタビュー）

解説 王座獲得までの長い道のりに対する感想の中の一言です。

He's done so much for us and stuck his neck out for us so many times.

彼は俺たちのために多くのことをやってくれただけでなく、何度も俺たちのために真剣になってくれた。
（カイル・フレッチャー／NJPW STRONG 無差別級タッグ王座の獲得後のインタビュー）

解説 ウィル・オスプレイ選手への恩を語る中の一言です。stick one's neck out for は「〜のためにあえて危険を冒す」という意味のフレーズですが、ここでは「〜のために真剣になる」という意味を表しています。

My BULLET CLUB is for killers and savages only.

俺のBULLET CLUBにはならず者と野蛮人しかいないんだ。
（デビッド・フィンレー／G1 CLIMAX 33直前のインタビュー）

解説 killer は「殺し屋」、savage は「野蛮人」という意味の単語です。インタビューを翻訳する際は、このように理解しやすい意訳をしばしば用います。

元井美貴さん監修
ルチャ・リブレのスペイン語

Antes que nada, buenas noches Japón.

何よりもまず、こんばんは日本。（ミスティコ／2023年2月28日後楽園ホール）

解説 ミスティコ選手の決まり文句とも言える一言。CMLLの常設会場アレナ・メヒコでは「Buenas noches Arena Mexico」と叫ぶのが定番。Buenas noches（ブエナス ノーチェス）は「こんばんは」、Buenos días（ブエノス ディアス）は「おはよう」、Buenas tardes（ブエナス タルデス）は「こんにちは」です。

Ey amigos de Japón. Ha llegado el inmortal Titán Y he venido esta noche a la NJPW. He venido esta noche a buscar nuevos retos. He venido a buscar nuevas oportunidades. He venido esta noche a integrarme a Los Ingobernables de Japón.

日本のアミーゴ達、ティタンのお出ましだ。今夜、俺は新日本に来た。今夜、新しい挑戦を探すために来た。ロス・インゴベルナブレス・デ・ハポンに加わるためにきた。（ティタン／2022年10月10日両国国技館）

解説 L・I・J対ユナイテッド・エンパイアの試合中に突如現れたティタン選手。L・I・J入りを直訴し、迎え入れられました。esta noche（エスタ ノチェ）は「今夜」の意味。男性名詞／女性名詞によってeste（エステ）、esta（エスタ）が変化します。

Gracias a toda la afición japonesa. Gracias por todo el apoyo.

日本のファンのみんな、ありがとう。サポートしてくれてありがとう。（アトランティスJr.／2023年2月28日後楽園ホール）

解説 Gracias por~（グラシアス ポル）で「〜に感謝します」という意味になります。

Último Gurerro es un guerrero experimentado. Simple y sencillamente un guerrero de otro nivel.

ウルティモ・ゲレーロは経験豊富な戦士だ。シンプルに言い表すと、レベルが違う戦士ってことだ。
（ウルティモ・ゲレーロ／2023年2月24日大阪市中央体育館・サブアリーナ）

解説 guerrero（ゲレーロ）は「戦士」という意味。rが2つ重なったrrは巻き舌で発音します。手を頭の上にかざして otro nivel「レベルが違う」ポーズを見せつけるゲレーロ親分。実は日本語がお上手です。

Comenzamos!

始めましょう！（オマル・リングアナ／FANTASTICA MANIA）

解説 comenzar（コメンサル）は「始める」を意味する動詞。スペイン語の動詞は主語によって6種類（メキシコなどラテンの国では5種類）の活用があり、comenzamos（コメンサモス）は二人称複数（私たち）の活用形です。

Contento, feliz de regresar a Japón.

日本に戻れて嬉しい。(ドゥルセ・ガルデニア／2023年2月22日高松市総合体育館・第2競技場)

解説 regresar a ～で「～に戻る」という意味になります。「来る」じゃなくて「戻る」と言ってくれるのが嬉しいですよね。

Mil gracias, Japón.

本当にありがとう、日本。(ミスティコ／2023年2月28日後楽園ホール)

解説 Gracias「ありがとう」、Muchas gracias「どうもありがとう」を上回る Mil「1000」のありがとうという意味。

Simplemente pertenecemos a la mejor lucha libre del mundo.

単純に俺たちは世界一のルチャ・リブレ団体に所属しているんだ。(エチセロ／2023年2月22日高松市総合体育館・第2競技場)

解説 mundo (ムンド) は「世界」という意味で、ルチャドールの方々のコメントでの頻出単語です。

Vamos a demostrar porque somos la mejor dinastía, los hermanos Chavez.

俺たちが最高の家系、チャベス兄弟であると証明してやろう。(ニエブラ・ロハ&アンヘル・デ・オロ／2020年1月16日後楽園ホール)

解説 dinasitía (ディナスティア) は「王朝、名門」を意味します。メキシコではご家族でルチャドールというルチャー一族も多く、誇りを持っていらっしゃいます。「兄弟」なら hermano、「姉妹」なら hermana、スペイン語では h は発音しないのでエルマノ、エルマナと発音します。

Lucharán! A una sola caida sin limete de tiempo.

彼らは戦います! 時間無制限1本勝負!(オマル・リングアナ／2023年8月18日アレナ・メヒコ)

解説 「戦う」という意味の動詞 luchar (ルチャル) の三人称複数・未来形「彼らは戦う」が lucharán です。一度耳にすると、あなたも「ルチャラーーーン!」と真似したくなるはず。

Ha llegado el tiempo!

時は来た!(フリオ・セサル・リベラ・実況アナウンサー／2023年8月18日アレナ・メヒコ)

解説 マスクとリングネームを一新し、エル・デスペラード選手を相手にデビューを飾ったマスカラ・ドラダ2.0選手のお披露目にて。「時間」という意味の tiempo (ティエンポ) は日常会話でもよく使う頻出単語です。他に「天気」という意味もあります。

Rey del garrote Barbaro Cavernario.

棍棒の王、バルバロ・カベルナリオ。(バルバロ・カベルナリオ／2019年1月21日後楽園ホール)

解説 Rey de~ で「～の王」という意味。棍棒と骨はグッズとしても販売する原始人さんです。

Aquí es mi tierra. Aquí es mi país.
Hoy te gané en el centro del ring.

ここは俺の故郷、俺の国。今日リングの真ん中でお前に勝ったぞ。（OKUMURA／2020年1月17日後楽園ホール）

解説 因縁深いストゥーカJr.選手に勝利した後のコメントです。aqui はアキーと発音し、「ここ」という意味があります。mi pais で「私の国」という意味になります。

Soy el campeón, soy el número uno.

俺はチャンピオン、ナンバーワンだ。（高橋ヒロム／2023年8月メキシコシティの空港）

解説 メキシコ遠征中の「カマイタチ」時代からの決め台詞。soy は ser 動詞の一人称単数形で「私は〜です」を意味します。

Hoy demostré mi estilo.

今日は俺のスタイルを見せた。
（DOUKI／2023年2月22日高松市総合体育館・第2競技場）

解説 試合はもちろん、流暢なスペイン語でのコメントにもご注目。hoy は「今日」を意味します。スペイン語ではhを発音しないので、読み方は「オイ」。「明日」は mañana（マニャーナ）、「昨日」は ayer（アジェル）です。

Yo creo que Japón es mi casa.

日本をホームだと思ってる。
（ミスティコ／2023年3月1日後楽園ホール）

解説 Yo creo que〜（ジョ クレオ ケ）は、「私は〜と思う」の意味で、よく使われる頻出表現です。主語の Yo（私）は省略されることが多いです。

クリス・チャールトンさん奮闘中
英語実況席でのこだわり3選

新日本プロレスのクリス・チャールトンです。2018年の7月に英語の通訳としてはじめて英語実況席に参加しました。その後、少しずつ解説の仕事が増えていき、最近は試合の実況を担当させてもらうこともあります。ここでは、英語実況席で意識していることを3点ご紹介します！

❶ 発言はSNS1投稿分位短めに

「解説者として話をするときは、毎回SNSの1投稿のボリュームをイメージしてください。」初めて東京ドーム大会の解説を担当した時、当時来日していたドン・キャリスさんに言われて印象に残ったアドバイスです。そこからは、言いたいことをできるだけ手短にまとめて、聞いている人に伝わりやすい説明をすることを意識しています。

また、実況のケビン・ケリーさんには、「解説席では価値のあることを話してください。」と言われたことも。多い時では4名が実況ブースに入るので、それぞれの役割を意識して話す内容を決めるようにしています。

❷ 初心者のWhyに答えることが大切

2022年11月に、はじめて英語実況を担当しました。準備が大変で、解説の時の倍以上時間がかかりました。挟み込まれるCMやバックステージのコメント配信など、進行に気を配らなくてはいけない点もあります。

ただ、解説も実況もゴールは同じだと考えていて、常にイメージしているのは、「プロレス初心者に楽しんでもらうこと」です。どんな大会にも初見の人はいるので、その人達にわかりやすく届けることに意識を向けています。特に大事にしているのは「Why（なぜ）」です。「なぜこの2人は闘っているのか」がしっかりと伝われば、応援する理由、ブーイングを送る理由、チケットを買って会場に足を運ぶきっかけなどが見つかるのではないかと思っています。

❸ 英語実況の特徴は沈黙の間!?

常に話し続けている日本語実況に対して、英語実況には沈黙のタイミングがあります。例えば、エルボーやチョップなどの打撃合戦中など、英語実況では基本的に何も話しません。これは、打撃の音をしっかりと視聴者に伝えたいという意図があり、ケビンさんから「沈黙は恐れないで。」と言われたこともあります。試合全体を通しても、実況が「話す時間」と「沈黙する時間」が交互にあるのが、日本語実況との大きな違いかもしれません。

英語実況は、Sound Biteと呼ばれる短いフレーズでの発言も多く、語学初心者の方も気軽に聞いていただけたらと思います。とはいえ、いきなり全ての試合を英語実況で見るのはハードルが高いので、まずは、同じ試合の日本語実況、英語実況を交互で聞いてみることをオススメします。実況スタイルの違いはもちろん、それぞれの実況ならではの情報を聞くことができて面白いはずです。

クリス・チャールトン Chris Charlton
イギリス出身。2018年新日本プロレスに入社。通訳、翻訳、英語実況・解説、英語版Podcastのパーソナリティなどさまざまな業務を兼任するプロレス英語のプロ。

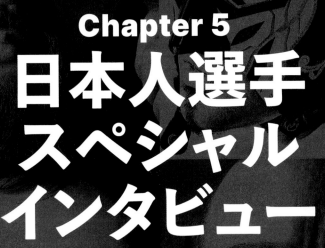

Chapter 5
日本人選手スペシャルインタビュー

「語学」や「海外」をテーマにした
新日本プロレス日本人レスラー4名
（エル・デスペラード選手、グレート-O-カーン選手、
DOUKI選手、KUSHIDA選手）の
スペシャルインタビューを掲載！

取材：鈴木佑　撮影：山本高裕、笹井タカマサ

撮影：中原義史

カバンにシューズと
タイツを入れて
世界中を飛び回って
仕事をする、こんな
格好いいことないなって

エル・デスペラード

メキシコにルーツを持つ"ならず者ルチャドール"ことエル・デスペラード選手。ルチャ教室に通っていた修業時代から2023年の10年ぶりのメキシコ遠征までを振り返りながら、メキシコの食事、外国人選手との関わりなど「海外」をテーマにしたロングインタビューを実施！

プロレスファンの頃から
ルチャ・リブレが好きだった

――デスペラード選手と海外といえば、やはりルーツであるメキシコは切り離せないかと。

デスペラード　まあ、そうだな。俺はもともとプロレスファンの頃からルチャ・リブレが好きで、ユニバーサル（・プロレスリング＝1990年代序盤に活動していたルチャスタイルの団体）をよく映像で観てたし。当時はロス・ブラソスやケンドーとか、エンタメ色の強い選手の試合が好きだった。

――デスペラード選手はメキシコでの活動時、かなり特殊な環境でも試合をされたそうで。

デスペラード　ワラの上にブルーシートを敷いただけのリングに、身体がめり込んで動けなくなったこともあったし、DOUKIにいたってははばレンガでできたリングで試合したこともあったって聞いた（笑）。そもそも向こうはマットが固いから、ルチャの受身の技術も面で受けるというよりは、横に回転しながら衝撃を逃すようになった気がする。

——以前、デスペラード選手のグッズTシャツには自身を構成する要素として、ボラドール・ジュニア選手やアベルノ選手、メフィスト選手ら師匠格の選手名が入っていましたよね。

デスペラード　ボラドールはあの身体つきや動きを見てわかるとおりストイックで、仲間思いだけど求めてくるハードルが高い。でも、キャリアを重ねて丸くなったかな。前はこっちが「ちょっと待って」って言っても「なんで俺が待たなきゃいけないんだ？」っていうタイプだったけど（笑）。

——アベルノ選手については、ご自身の目指すべき姿だと思われているそうですね。

デスペラード　アベルノさんは相手の技術を引き出し、受け止めた上で勝ちにつなげることができるルチャの達人。あの人がメフィストやエフェストを率いて、ミスティコたちと戦う姿を観て「ああなりたい」って思ったから、自分からお願いして直接教わった。逆にアベルノさんはアマレスの経験がなかったから、こっちが知ってることを伝えて技術交換した感じかな。

——ルチャはジャベ（複合関節技）にしろ、技術体系が独特というか。

デスペラード　ふつうじゃ考えられないロジックだったりするけど、紐解いていくと源流はヨーロッパらしい。いまは時代の流れと共にネチッこいジャベをやる人も減ってきてるけど、飛ばずにグラウンドだけジックリやる選手がいてもおもしろいなとは思う。まあ、俺はヴィールスのルチャ教室でジャベを教わったことがあって、「こんなにやるの？」っていうくらい地獄だったけど（苦笑）。

——ヴィールス選手は新日本のアメリカ大会でザック・セイバーJr.選手と互角にわたりあったテクニシャンですよね。複雑な技術を理解するのも、スペイン語だと難しいのでは？

デスペラード　でも、言葉はわからなくても「痛ッ！」っていう感覚は人間一緒だから、とにかく実践練習で身につける感じかな。付け焼き刃にならんように何度もジックリ繰り返すから、一つのジャベだけで気づいたら60分なんてのもザラで、そのくらい複雑だし奥深い世界だな。

——ちなみにメキシコ時代に交流があって、いま新日本に参戦している選手はいますか？

デスペラード　いまや押しも押されぬエストレージャになってるティタンとかソベラーノ・ジュニアとか。もともとはソベラーノの息子のエウフォリアがソベラーノ・ジュニアだったんだけど（エウフォリアに改名してから）そのエウフォリアの息子がソベラーノ・ジュニアを名乗るようになって。

——ルチャはリングネームもジャベみたいに複雑なイメージがあります（苦笑）。

デスペラード　そうそう、絡みあってる（笑）。リングネームを売買するってこともあるし。名門のブラソス家とカサス家の掛け合いのサラブレッドが産まれたんだけど、俺はいまからどんなリングネームになるのか気になってる（笑）。

アレナ・コリセオで
テリブレさんと10年ぶりの再会

——今年6月、デスペラード選手は約10年ぶりにメキシコ遠征に行かれましたが、現地ファンも歓迎ムードだったのでは？

10年ぶりのアレナ・コリセオ

デスペラード　昔の自分がどれだけ知られてるかわからないし、「日本からマスクマンが来た」くらいにしか思ってない客が多かったんじゃねえかな。でも、メキシコはよくも悪くも「とにかく楽しけりゃいい」っていう国だし、単純に盛り上がってたのはうれしかった。

──昔を思い返すようなエピソードは？

デスペラード　俺が若かった頃にアレナ・コリセオの試合で思うようにいかず、控え室で悔しくて泣きちらしたことがあって。そのとき、テリブレさんが身振り手振りで「オマエはルードなんだからクヨクヨするな。胸張って堂々と帰れ！」って励ましてくれたんだけど、今回10年ぶりに行ったコリセオにたまたまテリブレさんもいて。それで俺が「10年前のこと覚えてますか？」って言ったら、テリブレさんが笑いながら「オマエ、メチャクチャ泣いてたな。いまじゃメインイベンターじゃないか」って言われて、ここまでがんばってよかったなって思った。

──いいお話ですね。メキシコという国自体の印象も伺いたいんですが、選手の中には危ない目に遭ったという話も聞きます。

デスペラード　俺も1回だけ試合の帰りに、ナイフ持ったヤツに「カバンを置いてけ！」って言われて、そのカバンで相手のナイフを吹っ飛ばして逃げたことはあった。でも、あとは取り立てて厄介ごともなかったし、自分は物騒な環境も楽しめる人間だから。月に1回は腹を壊してたけど、それは恒例行事みたいなもんだし。腹を壊さないコツとしては、外食なら客がたくさんいる店に入ること（笑）。

──それなら安全と（笑）。

デスペラード　でも、特に気にせず露店でも買ってたけどな。昼にはティタンとよく、カニカマやらアボガドやらが入ったちらし寿司っぽいモノを食べてたし。

──特に現地の料理で好きなものは？

デスペラード　ポソレっていうスープが好きだった。トマトとかライムのさっぱりした風味で、鶏肉とかコーンとかいろんな野菜が入ってて。ただ、メキシコは日本の味噌汁と違って、アツアツなのがあんまり出てこないのがちょっと不満だったけど。

──たまにメキシコ料理が恋しくなりますか？

デスペラード　日本のメキシコ料理も日

本人の口に合うようにアレンジしてて、それはそれでうまいんだけど、やっぱり現地の味は中毒性があるから。もちろん、タコスも好きだし。マリネした豚肉を塊にして焼いて、削ぎ落としたのをパストールっていうんだけど、それとタマネギ、パクチー、あとは焼いたパインを入れたタコスはメチャクチャうまい。

――海外に馴染めるかどうかは、現地の食事も重要な気がしますね。

デスペラード　それはあると思う、食事っていうのはその国の文化だから。いまはどの国にも『サブウェイ』とか有名なチェーン店があるから、現地の料理と折り合い悪くても困ることはないんだろうけど、やっぱり現地のものに触れるのは貴重な機会だと思う。

スペイン語は毎日5〜6時間
会話して、とにかく耳で覚えた

――その10年ぶりのメキシコ遠征の直前に、デスペラード選手はアメリカに遠征しGCWのデスマッチトーナメントに出場しましたね。

デスペラード　トーナメントの翌日の大会でもシングルマッチが組まれてて、通常の試合ルールかと思ったらデスマッチだったのは驚いたけど、直前に判明するっていうのは海外のインディーあるあるだから。

――ほかにデスペラード選手はイギリスやカナダなど、さまざまな国で試合されていますが、基本的にどの国も問題なく馴染める感じでしょうか?

デスペラード　だと思うけど、新日本の大会ツアーでタイに行ったときに、試合前にドリアンを食べすぎて発熱したことがあった(笑)。

――ドリアンは栄養価が高く、食べすぎると血圧が上昇するそうですね。

デスペラード　そういうのを特に気にせず、控え室に持ち込んだドリアンを食べ続けてたら、驚いた現地スタッフに「水をたくさん飲まないとたいへんなことになるよ」って言われて。そんな感じで蒸し暑いリングの上に上がり、そのときの対戦相手が若手時代のSHOだったんだけど、アイツも試合前にドリアンを食べてたらしく、二人でフラフラしながら戦ったっていう(苦笑)。

――そんなことがありましたか(苦笑)。そもそもデスペラード選手は、一人旅がお好きな印象があります。国内の巡業で

写真：本人提供

Arroces Del Baby Face(アロセス・デル・ベビーフェイス)の焼飯
レジェンドレスラー「ベビーフェイス」の飲食店の人気メニュー。

Flor de calabaza(フロル・デ・カラバサ)のタコス
ズッキーニやキューカンバの花の惣菜が入っている。

Pozole(ポソレ)
インタビューでも登場、デスペラード選手が特に好きなメキシコ料理。

143

も単独で移動されてることがあるそうで。

デスペラード べつに人に合わせるのが苦なわけじゃないけど、俺は細かいことが気になるタイプだから、周りに何か迷惑かけるよりかは一人がいいなって。俺はレスラーっていう職業は、カバン一つでどこにでもっていう部分に大きな魅力を感じてる。カバンにシューズとタイツを入れて世界中を飛び回って仕事をする……、こんな格好いいことないなって思うね。

——プロレスの基本は肉体言語であり、国境や言葉の壁を越えるというか。

デスペラード まあ、フライトトラブルとかは困るけど（苦笑）。でも、そういうハプニングすら楽しまないと。ある程度の語学ができて、人としてズレてなければ、現地の人間からも悪くはされないし。

——ご自身の語学力に関してはどう捉えていますか？

デスペラード スペイン語は日常会話ならまあまあ。昔は1日、5〜6時間はアレナ・メヒコにいたから、そこのルチャ教室に通ってる10代半ばの子たちと会話して、とにかく耳で覚えた感じかな。それで半年くらい経ったら、いまくらいのレベルにはなってた。

——実践で身につけたわけですね。

デスペラード でも、そのおかげで文法の知識は頭にまったくないけど。実践と読み書き、どっちを先にやったほうがいいのかわかんないけど、両方を同時進行で学んでたらもっと効率よく身についたかもしれない。あとはおもしろいもんで、スペイン語を覚えたら英語もちょっとしゃべれるようになって。

——そういうものなんですね。

デスペラード "タイガー"と"ティグレ"みたいに言葉が基本的に似てるのと、文法的にも近いからなじみやすいんだろうな。英語は向こうの幼稚園児くらいはしゃべれると思う。

——語学を学ぶことで何かコツはありますか？

デスペラード 単純に興味を持つことなんじゃないの？ 人間、嫌々じゃなく興味を持ったことはスッと覚えられるから。そういう意味で、この本みたいにプロレスファンがプロレスを通して語学に触れられるっていうのは、いいアプローチだと思う。

来日した外国人選手には「何かあったら言ってくれ」とは伝えてる

——デスペラード選手は日本に来る外国人選手とコミュニケーションは取るタイプですか？

デスペラード 比較的取る方かな。俺自身がメキシコにいた頃、現地の選手がすごくヘルプしてくれたから、外国人選手で敵対関係のユニットじゃなければ「何かあったら言ってくれ」とは伝えてる。

——鈴木軍時代には同じユニットにランス・アーチャー選手やデイビーボーイ・スミスJr.選手、シェルトン・X・ベンジャミン選手らが所属していましたが、何かエピソードはありますか？

デスペラード 巡業先の福島で、ユニットみんなで馬刺しを食べてたときに外国人たちが「馬を生で食べてるのか？」って驚いたことがあった（笑）。「大丈夫だよ、うまいから」ってすすめたんだけど、シェルトンだけはかたくなに「馬は役に立つ動物だろ？ なんで食えるんだ？」

って断固拒否してたな。

──まさに文化の違いですね。

デスペラード　食事絡みの話だと、これは本隊時代の（バッドラック・）ファレに聞いたんだけど、彼が徳山大学に留学したばっかりの頃にラグビー部のみんなで食事に行って、周りに言われるがまま、店員さんに「犬はありますか？」って尋ねたことがあるらしい（笑）。

──イタズラというか、洗礼というか（苦笑）。

デスペラード　似たようなことは、俺も海外に慣れてない頃に遭遇したし。でも、それに腹を立てるんじゃなく、冗談として寛容な心で受け入れると向こうに仲間として認められて、助けてもらえるっていうのはあるかもな。「言葉がわからないから、オマエらのことはわからん」じゃなく、飛び込もうとすれば相手もちゃんと向き合ってくれるから。そこは異文化に触れる上で大事なポイントかもしれない。

──今後、デスペラード選手が海外でやってみたいことは？

デスペラード　いま、鈴木（みのる）さんと成田（蓮）とSTRONG STYLEっていうユニットをやってて、これは鈴木さんとたまに話すんだけど、3人でアメリカのインディー団体巡りを1カ月くらいやってみたらおもしろいかなって。鈴木さんがヘビーで、俺はジュニアでイキのいいヤツを見つければ、新日本にも還元されるものがあると思うし。

──それは若い成田選手にもいい経験になりそうですね。

デスペラード　そう、成田は海外だと基本的にLA DOJOばっかだったから。もちろん、そこで学んだことにプライドもあるだろうし、何も否定はしないけど。ただ、いろんなプロレスを観て、経験することはキャリアの中で活きてくるから。ユニットで丸ごと長期遠征っていうのは会社としても難しいのかもしれないけど、俺はいろんな土産を団体にもたらす自信はあるね。

撮影：山本高裕

向こうのレスラーは挨拶がわりのように
「F●ck you!」「F●ck you, too!」
って言いあってたな（笑）

グレート-O-カーン

イギリスでの長期海外遠征（侵略活動）をへて、2020年10月に衝撃の凱旋を果たした"帝国の支配者"グレート-O-カーン選手。帰国後は、多国籍なメンバーが集うUNITED EMPIREの中心人物としてリング内外で話題を独占。イギリス時代の生活から、英語が飛び交うユニット内でのコミュニケーション術まで、ロングインタビューを実施！

言葉なんか最低限のものを
覚えておけば何とかなる

——さまざまな格闘技で輝かしい実績を誇るオーカーン選手は、海外遠征の経験も豊富とのことですが、これまで何カ国くらいに足を運ばれているのでしょうか？

オーカーン　そうじゃのう、軽く20カ国以上にはなるな。余はあまり昔のことは記憶にないが、パッと思い返しただけでもアメリカ、イギリス、ドイツ、ポーランド、スウェーデン、ブルガリア、カザフスタン、ウズベキスタン、イラン、ロシア、フィリピン、韓国……、多くの国を侵略してや

ったぞ。レスリングやグラップリングやパンクラチオン、幾多の世界選手権に出場し結果を残してる。

——それら異国の地で活動する中で、何か苦労されたことというのは？

オーカーン　そんなものは何もない。国によって文化の違いはあれど、しょせんはみな同じ人間、同じ営みをしているんだよ。どこに行ったって悪いヤツもいれば、いいヤツもいる。一番大切なのは心と心が通じ合うかどうかだし、言葉なんか最低限のものを覚えておけば何とかなる。

——たとえばオーカーン選手がプロレスラーとしてのスタートを切ったのはイギリスですが、あまり英語は話せなかったと？

オーカーン　ウム、それでべつに不便に感じなかった。まあ、余の場合はそれまで多くの国々を経験し、慣れていたというのも大きいかも知れんが。でも、だいたいの国は「How much？（いくら？）」、「What is this？（これは何？）」、「Where？（どこ？）」、それとその国のトイレを指す言葉がわかれば問題ない。この4つだけ覚えておけばよいし、あとはナメられないように強気で言うことじゃな。

——極論に聞こえつつも、説得力があります（笑）。とはいえ、現地のレスラー間の会話は英語ですよね？

オーカーン　そうじゃ。でも、向こうのレスラーも最初からこっちがわからんような難しい言葉は使わんし、会話をする中で次第に相手が伝えようしていることがつかめるようになってくる。理解しようとする気持ちが互いにあれば、自ずとわかり合えるのじゃ。そういう意味で世界共通だなと思ったのは、下ネタは盛り上がるってことだな（笑）。

——会話の潤滑油になったと（笑）。

オーカーン　余も気づいたらそれ系のスラングばかり覚えとった。おもしろいなと思ったのが、よく「外国人に『F●ck you！』って言っちゃダメ」って聞くけど、向こうのレスラーは挨拶がわりのように「F●ck you！」「F●ck you,too！」って言いあってたな（笑）。もちろん関係性もあってのことだが、それも一つのコミュニケーションってことじゃな。

——日本人からしたら理解しがたいかもしれないですね（苦笑）。

オーカーン　そういえば以前、ある外国人レスラーが日本でケガをして病院に運ばれて、「F●ck you！　Kill you!!」って口にしてたら看護師さんが怖がってしまい、余が「大丈夫、これは挨拶みたいなもんじゃ」と説明し、その外国人レスラーには「ここではそういう言葉を口にするでない」とたしなめたこともあったな（笑）。

イギリスは食べ物がまずいと言われるが、そんなことはない

——よく日本人レスラーが海外に行くと、こんな危険な目に遭ったというようなエピソードを聞きますが、そもそも見た目が迫力あるオーカーン選手は巻き込まれなさそうというか（笑）。

オーカーン　それでいうとイギリスで以前、こんなことがあった。夜中に路地裏を一人で歩いてたら、前からやたら暴言を吐きまくってるヤバそうなオッサンが歩いてきたんじゃが、余と距離が近づいたら黙りこみ、こっちが通りすぎるまでピタッと直立不動になった。で、余がある程度離れてから、また暴言を吐きなが

ら歩き出した（笑）。

——ヤバそうな人に警戒されたということですね（笑）。

オーカーン　あと、これはあまり言いたくないエピソードだが、恥をしのんで語るとしよう。イギリスのスーパーマーケットで閉店間際に惣菜の半額セールをやるとき、そこに群がる連中の中には見るからにアブなっかしいヤツもいるんだけど、余は決して争奪戦で負けることはなかったね（笑）。

——惣菜の争奪戦を制してたと（笑）。

オーカーン　そういう苦しい時代をへて、いまこうして余はVUITTONのバッグを持ち、JUSTIN DAVISのアクセサリーを身につけてるわけじゃ。

——ちなみにイギリスでお好きな食べ物はありましたか？

オーカーン　よくイギリスは食べ物がまずいって言われてるけど、そんなことはない。特にカレー！　あの国はインドからの移民が多かった歴史的背景もあり、本格的なスパイスカレーが楽しめるのじゃ。いまでもイギリスに行くと余は絶対に食うね！　ほかにスイーツもうまいし、マクドナルドのソフトクリームですら日本とは甘さが違う。そうそう、余は海外にいくと、必ず現地にあるマクドナルドに行くようにしてる。

——マクドナルドは国によってメニューが違うそうですね。

オーカーン　「せっかく海外に来たのにチェーン店？」って思われるかもしれないが、その国ならではのメニューを頼むのがおもしろい。日本と同じメニューでも味が微妙に違ったりするしな。日本人レスラーは海外に行くときに日本の食べ物を持ち込んだりするみたいじゃが、余

はそんなことをしたことがないし、現地のものを食すようにしておる。

——オーカーン選手は大食漢とのことですが、現地のレスラーにも驚かれたのでは？

オーカーン　余の見事な食いっぷりにあっけに取られていたぞ。そもそも、UNITED EMPIREの連中から余は"Seven Stomachs（七つの胃）"って呼ばれているからな。

——四つの胃を持つ牛よりも食べるってことですね（笑）。そのほか、海外に行ったときに何か心がけていることは？

オーカーン　余は歴史が好きじゃから、古い建造物に足を運んだりする。そうやって歴史に触れると、昔からどこの国も人間は変わらないということや、本当に違うのは言語だけなんだなってことを実感するね。

余が英語を得意じゃないのが、逆にユニットにとってうまく働いた部分はあるな

——オーカーン選手が所属するUNITED EMPIREはイギリスやアメリカ、ニュージーランド、オーストラリア、イタリア、フィリピンなど、さまざまなルーツを持つ選手が集う多国籍ユニットですが、言葉によるコミュニケーションはどのような感じでしょうか？　その中でオーカーン選手は唯一の日本人になるわけですけど。

オーカーン　余は日本人じゃないけどね！

——失礼しました、モンゴル人……でしょうか？

オーカーン　いや、わからん、多国籍ユ

ニットで唯一の国籍不明。余が日本語ペラペラなのは、それだけ親日家ってことじゃ。で、UNITED EMPIRE のコミュニケーション手段だけど、基本的には英語。ただ、余が英語を得意じゃないのが、逆にユニットにとってうまく働いた部分はあるな。

——どういうことでしょうか？

オーカーン　人間っていうのは誰かに何かを相談するとき、ふだんからおしゃべりなヤツよりも、意外と静かなヤツに持ちかけたりするじゃろ？　そういう面で自ずと余が、「オーカーンはどう思う？」と最終的な意見を問われ、決断を下すまとめ役になった。それは試合の作戦や、UNITED EMPIRE の次なる"同盟者"に関する場合もあるし。

——オーカーン選手は実力的にもメンバーから一目置かれているでしょうし、自然とユニットの中心となっているわけですね。

オーカーン　これは UNITED EMPIRE が生まれた頃からそうじゃった。そうは言っても常に英語だけが飛び交う中に余もいるわけで、嫌でもヒアリングの能力は上達したけどな。

——逆にオーカーン選手に日本語の教えを乞うメンバーはいるんですか？

オーカーン　HENARE、（ジェフ・）コブ、（フランシスコ・）アキラあたりは親日家で、「こういうときは日本語でどう言えばいい？」って聞いてくる。

——各メンバーのリング外の横顔についても伺えれば。オーカーン選手と同じ創設メンバーであるウィル・オスプレイ選手はいかがですか？

オーカーン　オスプレイは情に熱い人間じゃな。誰かがケガをすれば一目散に駆けつけたり、人を思う気持ちのある優しいヤツだよ。あとはおもしろいことが大好きだけど、これはオスプレイだけじゃなくメンバー全員に当てはまるな。

—— UNITED EMPIRE はリングを下りると陽気なんですね。

オーカーン　陰気臭いヤツはいない。中でもオスプレイはとくにおしゃべりだけど、人見知りの面もあって初対面だと目を見て話さなかったりもする。リング上の動きを見ると「俺が、俺が」のタイプと思われるかもしれないけど、一歩引くというか「UNITED EMPIRE のリーダーはオーカーンだ」って発言してたり、余が何か意見をいうと「Yes, Boss」って返し

てくれるんだよな。

――続いてコブ選手ですが、リング上どおりに明るい感じでしょうか？

オーカーン コブも UNITED EMPIRE に入った当初はリング上でシリアスな雰囲気だったが、やっぱり隠せなかったな（笑）。意外と控え室の中では口数の少ないほうじゃが、少ない中でも盛り上げるというか、ジョークなら一番言っている気がする。

―― HENARE 選手は、リング上ではユニット随一の獰猛なファイターというか。

オーカーン アイツはとにかくハングリー。余は HENARE が顔にマオリ族伝統のタトゥーを入れるときに、「日本だとジムや施設を利用するのに不便になるぞ」と伝えたんじゃが、それでも「俺はマオリ族であることを何よりの誇りとしている」と決断したところに、アイツの心の強さがあると思う。HENARE は新日本の道場育ちで日本の根性論みたいなのが好きだから、そういうところがリング上にも出ているな。

――オージー・オープンのカイル・フレッチャー選手とマーク・デイビス選手については？

オーカーン フレッチャーが一番の悪ガキじゃな。外国人集団だから上下関係はほぼないに等しいんだが、それにしたってアイツは20代前半のクセに周りに無礼なことを平気でする（笑）。

――一番遅刻するとか？

オーカーン あ、遅刻は全員するね（笑）。だから、アイツらをまとめるのはたいへんなんだよ。最近はメシを誘うにしろ「○月△日の□時から、来たきゃ来い」って言っている。全員が勢ぞろいすることはまずないからな。

人種や言葉の違いがある中、まとめ上げているのは我ながらすごいことだと自負しておる

―― UNITED EMPIRE はリング上の結束と裏腹に、かなり自由な集団なんですね（笑）。

オーカーン フレッチャーが特に自由というかイタズラ好きで、気づくと余の背後で辮髪をイジッてニヤニヤしてる。何回か注意しても続けるから、マジなトーンで「Stop!」って注意したらやめたけど（笑）。よく、アキラがフレッチャーのターゲットにされてるな。追っかけ回してアキラのケツを叩いたりしてるよ。

――無邪気な少年みたいですね（笑）。

オーカーン パートナーのデイビスのほうは30歳過ぎということもあってか落ち着きがあり、みんなの話を聞いてニコニコしてる。コブや TJP もそうだけど、やっぱり20代の連中に比べると大人だな。

でも、クールに見えるTJPが、UNITED EMPIREのグループチャットだと一番発言が多いけど（笑）。

──TJP選手は内に秘めるタイプなんですかね？

オーカーン　かもしれんな。アイツは世界中で活躍してきたけど、若い頃に新日本で目立つ結果を残せなかったことが心残りだったのか、今年の1.4東京ドームにIWGPのベルトを巻いて上がれたことをすごく喜んでたな。

──最年少のアキラ選手については？

オーカーン　マスコット的というか、みんなのイジられ役だけど、ちゃんとプライドを持ったヤツだな。まあ、「そんなの俺、できるけど？」みたいに背伸びをするから、フレッチャーあたりにイジられるんだけど（笑）。

──UNITED EMPIREは国も年齢もバラバラですけどバランスがいいというか、そのバランスを取っているのがオーカーン選手なんでしょうね。

オーカーン　そのとおりじゃ。余の広報活動でUNITED EMPIREと企業のコラボ企画が生まれると、アイツらも素直に喜んでるし、そういうところでも余は信頼を得ていると思ってる。

──国際色豊かなUNITED EMPIREの中で、オーカーン選手はオリエンタルなキャラクターですし、海外のファンの反応も大きいのでは？

オーカーン　そんなことは言わずもがなじゃ。それにオスプレイをはじめとするメンバーたちが海外で活躍することで、UNITED EMPIREの知名度もグングン上昇している。ただ、余に関していえば、海外の"帝国民"（UNITED EMPIREのファン）は残念がるじゃろうが、現状は進

んで海外に行こうとは思ってはいない。

──それは何か理由が？

オーカーン　単純に海外に行きまくっとったせいで、飛行機での長旅がつらくなってきた。もう余の身体はファーストクラスじゃないと受けつけん！

──エコノミークラスどころか、ビジネスクラスもダメだと（笑）。

オーカーン　それと海外は基本的にスケジュールがタイトだしな。もちろん、余のレベルになれば世界中からのオファーがひっきりなしじゃが、こっちはリング上以外に広報活動も忙しいから、よっぽどの好条件じゃないと重い腰を上げる気にはならん。余が国内を盛り上げ、海外はオスプレイたちに任せればいいっていうのが本音ではある。

──そのあたりはある種の適材適所であり、国際派ユニットならではというか。

オーカーン　それこそが余の目指していた、理想のユニットの姿じゃ。そもそもUNITED EMPIREという名前も余が決めたわけじゃが、UNITED（連合）と名づけたからにはその言葉を意識し活動してきたし、人種や言葉の違いがある中、こうしてまとめ上げているのは我ながらすごいことだと自負しておる。今後さらに大きくなっていけばグローバル化が進む世界情勢の中で、一つのモデルケースにすらなると余は思っておる。

──そこまでのことを見据えていらっしゃるとは！

オーカーン　フッフッフ。海外でさらにUNITED EMPIREが勢力を広げたら、満を持して余が乗り込む……、それこそ風情があるというもんじゃ。もちろん、そのときはファーストクラスがマストだけどね！

撮影：山本高裕

昔は引け目を感じる部分もあったけど、
いまは「新日本の選手が経験したことない
キャリアを積んでる」って思っている

DOUKI

18歳でメキシコに渡り、現地のインディー団体でデビュー。その後、2019年に新日本プロレスマットへ参戦するまで、約10年間メキシコ・アメリカマットで活動を続けたDOUKI選手。タイチ選手との出会いから始まったメキシコ初日から、伏線回収のように海外で縁のあった選手たちとの再会が連続した2023年までを振り返るロングインタビューを実施！

18歳からメキシコに。
スペイン語はテキサスでの
同居生活で上達

——DOUKI選手はメキシコで修行を積み、現地で2010年にデビューされていますが、スタートとして海外を選んだきっかけというのは？

DOUKI　理由はいくつかあるけど、プロレスファン時代にルチャがベースにある闘龍門だったりDRAGON GATEだったりみちのくプロレスが好きで、外国人選手もジュニアヘビーやクルーザー級の選手に憧れてっていうのは大きいかな。俺は身体が小さいけど、メキシコだったら活躍できるのかなって。

——18歳で異国の地に飛び込むのは度胸がいると思いますが、スペイン語の準備はどの程度されたんですか？

DOUKI　中学のときにスペイン語入門みたいな本を買ったんだけど、実際に勉強を始めたのは高校3年のとき。簡単な挨拶と数字くらいしか覚えなかったわりには、意外と現地でメキシコ人とのコミュニケーションは取れたかな。それはたぶん、日本語とスペイン語の発音が似て

るのと、スペイン語は文法が英語ほどキッチリしてないからだと思うけど。

——DOUKI選手は現地生活が長かったこともあり、いまではスペイン語も堪能なのでは？

DOUKI いや、なんならいまだに適当にしゃべってるところはあるよ（笑）。日本の方言じゃないけど、スペイン語も使う国によって多少違うというか。俺が持ってたのはスペインのスペイン語入門の本だったから、最初の頃はメキシコのスペイン語との違いは感じたね。

——現地入りしてからどのようにスペイン語を身につけましたか？

DOUKI ほぼほぼ会話かな。これは最初の1〜2年を日本人宿で過ごしたから実感するんだけど、周りに日本人がいるかいないかで語学が身につくスピードは違うと思う。俺の場合、スペイン語はテキサスでメキシコ人たちと同居してたときに、かなり上達したね。英語は苦手だったし、気づけばスペイン語が聞こえると安心するようになってたな。

——それだけスペイン語が身近なものになってたと。DOUKI選手は普段、外国人選手とも向こうの言葉でコミュニケーションを？

DOUKI 鈴木軍のときに一緒だったザックさん（・セイバーJr.）とは、よく英語で会話してた。まあ、英語は中学レベルに毛が生えた程度だと思うけど。いまだに英語は聞き取りが難しいね。特に俺がいたテキサスは、なまりがキツかったから。かと思えば、イギリス英語の映画を観ても、なかなか理解できないし。

——ザック選手はイギリス英語のでは？

DOUKI ザックさんは日本が長いのもあってか、こっちに合わせてくれるから。あの人と英語で話してて、内容がわからなかったことはないし。ザックさんは俺のことを「英語、うまいよ」って言ってくれるけど、聞き取りだけは自信ないね。ふつう、英語は聞き取れてもしゃべれないって人が多いって聞くけど、俺の場合は逆だな。

——語学を身につけたいと思ってるプロレスファンに、何かコツを伝えるとすると？

DOUKI 俺は会話で覚えたかな。あと、字幕で観たことのある洋画を、2回目は字幕なしで観て、どのくらい理解できるか試したり。

——ちなみに学生時代に英語は得意だったんですか？

DOUKI そうでもない。ただ、海外のプロレスをよく観てたのと、母親がKISSとか1970〜80年代の洋楽が好きで俺もいろいろ聴いてたから、もしかしたら英語が耳に馴染んでる部分はあったのかもしれない。

10年続くメキシコ生活の初日に出会ったのがタイチさん

—— DOUKI選手はメキシコで何か危険な場面に遭遇したことは？

DOUKI いろんなエピソードを聞くし、行く前は相当ヤバい国って印象だったんだけど、実際は「そうでもないな、日本と変わらないんだな」って感じたね。むしろ個人的にはメキシコよりも、拳銃を持った強盗に遭遇したことのあるアメリカのほうが怖いよ。これをアメリカ人にいうと、彼らはメキシコ人に対して怖いイメージを持ってるから驚かれるけど。

——では、メキシコ人の国民性についてはいかがですか？

DOUKI　よくいえば大らか、悪くいえば大雑把っていうのはあるにしろ、結局は人によるんじゃないかな。真面目な人はとことん真面目だし。たぶんアレだよ、ルチャドールたちがいい加減なんだと思う（笑）。

——メキシコ人ではなく、ルチャドールという人種が（笑）。

DOUKI　これは世界共通だと思うけど、やっぱりプロレスラーは基本的にクセが強いから。

—— DOUKI選手はメキシコで10年前後も生活されたということは、それだけ現地の水が合ったんでしょうね。

DOUKI　まあ、住めば都じゃないけど。ただ、ずっといたから気づかなかったけど、今年4年ぶりくらいにメキシコに行ったら「あ、この国、ちゃんと汚ねえんだな」って思った（笑）。もちろんきれいなところはきれいなんだけど、そうじゃないところも残っていて。そこも俺からすれば気楽なところかな。

——そもそもDOUKI選手は渡墨前、人を介して知り合ったミラノコレクションA.T.さんのアドバイスで、現地に遠征中だったタイチ選手を訪ねたそうですね。

DOUKI　メキシコ初日に会いにいったら、「俺はオマエみたいなヤツが1週間も残れると思ってない」って言われたよ（笑）。でも、一緒に練習に行ったり、試合会場に連れていってもらったり本当に世話になったね。

——長いメキシコ滞在期間の中で、DOUKI選手はタイチ選手をはじめ、さまざまな日本人選手たちと交流があったそうで。

DOUKI　タイチさんのあとは（獣神サンダー・）ライガー、YOSHI-HASHI、棚橋弘至、高橋ヒロム……、いろんなレスラーがひっきりなしに来てた。新日本のレスラーは常に誰かしらメキシコにいた気がする。宿舎が同じだったり、大会や練習場所で会ったり、俺もそれなりに関わりはあった。

——内藤哲也選手も一時期、よくメキシコに行かれていましたが接点は？

DOUKI　そこまで深い関わりはないというか、ちょうど内藤が長期遠征から帰国するタイミングで、俺がメキシコに来たんだよね。あのときは“内藤フィーバー”の余韻が残ってて、よくファンが目を開けるポーズをしてたな。

——あと、DOUKI選手はライガーさんの怒りを買ったこともあったそうで（笑）。

DOUKI　何回も怒られたけど、特にメシのことが多かったね。米を炊き忘れたら「メシがなくて、肉が食えるか！」とか（苦笑）。

——エル・デスペラード選手とも交流は深かったそうですね。

DOUKI　俺はメキシコしか知らない人間で、デスペラードはそれ以外のプロレスも知ってたから、逆に「ルチャはこういうところがすごいんだ」っていうのを教えてもらったり。

——それだけ新日本の選手と接点があると、新日本のリングに上がりたいという気持ちは？

DOUKI　それはべつになかった。タイチさんに「どうせならメキシコで名を上げてから日本に帰ってくればいい」って言われて、向こうで腰を据えてやろうって思ってたし、それよりメキシコのメジャー団体に上がりたかったから。最初の

2年くらいはCMLLの常設会場のアレナ・メヒコで練習しつつ、いろんなインディー団体で活動してた感じだね。

──アレナ・メヒコではどなたにルチャを学んだんでしょうか?

DOUKI　最初はタリスマンの名前で知られるグラディアドール先生で、ルチャのプロライセンスを取ってからは亡くなられたアルカンヘル・デ・ラ・ムエルテ先生にお世話になった。でも、練習を積んでいく中で、俺はCMLLじゃなくライバル団体のほうを目指すようになるんだけど。まあ、CMLLは新日本の選手が上がってる時点で、"日本人枠"が埋まってるっていうのもあったし。

──その中でDOUKI選手は、そのライバル団体と関係の深かった団体である「ペロス・デル・マル」に上がるようになって。

DOUKI　ペロスは亡くなられたペリートさん(イホ・デル・ペロ・アグアヨ)が作ったんだけど、あの人は俺がプロと

して一番影響を受けたルチャドールだね。ルチャはあれだけ多彩な技があるのに、ペリートさんは殴ったり蹴ったりで観客の心をつかむ姿がカリスマ的だったというか。もともとペリートさんはCMLLにいて、ミスティコと同等の人気を誇ってたから。

──そしてペロス時代にリングネームをカンスケからDOUKIに改めると、闘龍門出身の花岡大輔選手と日本人部隊の「ハポネス・デル・マル」を結成。花岡選手とは今年3月に後楽園ホールで、団体の垣根を越えて開催された『ALL STAR Jr. FESTIVAL』で、ひさびさにタッグを組みましたね。

DOUKI　花岡さんは俺と違って天才タイプというか、一緒にいて勉強になったね。私生活はチャランポランだったけど。待ち合わせで1時間くらいの遅刻はあたりまえのメキシコ人が、それ以上に遅れてくる花岡さんに怒ってたから(笑)。

ようやく最近、自分がおもしろい キャリアを歩んでるって 思えるようになってきた

——花岡選手も闘龍門出身ということで、メキシコで日本人といえば闘龍門のイメージが強いですけど、DOUKI選手が入らなかった理由は？

DOUKI なんか「闘龍門に入ったら周りと一緒になる」っていうヘンなプライドというか、尖ってた部分があって。でも、メキシコで花岡さんにウルティモ・ドラゴンさんを紹介してもらって、闘龍門の興行に出たり宿舎やジムを使わせてもらったり、何かとお世話になったんだけど。

——そうしてメキシコで活動する中、なかなかメジャー団体のリングに上がる機会が訪れなかったそうですね。

DOUKI タイミングの問題も大きいと思うんだけど、周りも不思議がるくらいに縁がなかった。それが何年も続いたから日本に一旦帰ってみようと思って、『タカタイチマニア』に上がることになるんだけど。

——2019年3月ですね。そして同年5月、『BEST OF THE SUPER Jr.』を負傷欠場することになったデスペラード選手の代打として、タイチ選手の推薦で新日本に初参戦。そこからいまに至るというか。

DOUKI くしくもメキシコで最初に会ったタイチさんとの縁って考えると、感慨深いものはあるね。あのとき、あのタイミングがなかったら、いまこうなってないだろうし。

——日本のメジャー団体に上がるということでプレッシャーもあったと思いますが、メキシコで長らく生き残ってきたという自信もあったのでは？

DOUKI それはもちろん。キャリアで言ったら高橋ヒロムと変わらないし、それだけの経験はあるから。とはいえルチャのリングとは違うから試行錯誤する部分もあったし。自分の持っている武器をどう活かすか、それはいまだに考えてる。

——新日本のリングでタイチ選手やデスペラード選手やヒロム選手など、メキシコで縁の生まれた選手たちとシングルで対戦したのもドラマを感じます。

DOUKI やっぱりキャリアを重ねると、そういうものが自分の財産なんだなとは思うね。それは今年、ひさびさに海外で試合したときも感じたし。

—— DOUKI選手は今年6月に満を持してというか、初めてCMLLのリングに上がりましたね。

DOUKI 紆余曲折あってメキシコのメジャー団体に上がったわけだけど、リラックスして楽しく試合ができたよ。あの頃、同じようにインディーでがんばってた選手や一緒に練習してた人たちから「CMLLに上がれてよかったな」って声をかけてもらえたのもうれしかったし。

——あとは同じ6月、AEWの番組のメインにも登場しました。

DOUKI さっきの新日本初参戦じゃないけど、急にそういう舞台が決まるのも自分らしいっていうか。それこそAEWも知ってる選手やスタッフがたくさんいて、初めて来る場所じゃないように感じたね。対戦相手だったジャック・ペリーともメキシコで試合したことがあったから。

——試合には敗れたものの、会場は大盛り上がりでしたね。

DOUKI SNSでも反響は大きかったね。観客が「ドゥーキー！」って叫んでたんだけど、「Dookie」はスラングで"クソ"

っていう意味だから、ちょうど「HOLY SHIT!」にもかかってたみたいで（笑）。

——「ヤベー！」という驚きのスラングにピッタリだったと（笑）。また、8月にはフィラデルフィアで開催された『ALL STAR Jr. FESTIVAL U.S.A』に出場されましたが、このとき組んだロー・ライダー選手も昔から縁の深い選手だったそうで。

DOUKI ロー・ライダーに誘われてアメリカに行って、一緒に生活してたから。彼の親父さんがペンキ屋で、その仕事を手伝ってたんだけど、あの頃が最底辺の暮らしだったかもしれない。でも、いい経験になったよ。朝から晩まで仕事して、それから練習して、週末には試合に出て。

——ある種、青春の日々というか。

DOUKI いま思えば青春だね、その先の光は見えてなかったけど（笑）。

——2023年は海外時代の伏線回収のように、縁のあった選手たちとの再会が続いてるんですね。

DOUKI たしかに。まさか新日本の大会で花岡さんやロー・ライダーと組めるとは思ってなかったし。ようやく最近、自分がおもしろいキャリアを歩んでるって思えるようになってきたかな。新日本の選手がメキシコに来ると、どこか引け目を感じる部分もあったけど、いまは「彼らが経験したことないキャリアを俺は積んでる」って思ってるよ。

——まさかシャンプーのCMに出演する未来が待ってるとは思ってなかったのでは？（笑）。

DOUKI 微塵も想像してないし、人生はホントに何が起こるかわからない（笑）。

——最後にこれからの海外に向けてのビジョンなど伺えれば。

DOUKI 今年、ひさしぶりに海外の空気を吸ってみて新鮮だったし、チャンスがあれば外国でガンガン試合がしたいね。AEWだったら昔から知ってるサミー・ゲバラとやってみたいし。

——ルチャのほうではいかがですか？

DOUKI 意外と『FANTASTICA MANIA』で、ミスティコやボラドール・ジュニアとかスペル・エストレージャと当たってるんだよね。これからの選手という部分では、わりと最近CMLLに移籍してきたビジャノ・テルセーロ・ジュニアとはいつかやってみたい。今年の『FANTASTICA MANIA』にビジャノ3号の息子のイホ・デル・ビジャノ・テルセーロが来たけど、それとはべつのもうひとりの息子で、これがメチャクチャいい選手なんだよな。まあ、メキシコはいい選手がいっぱいいるよ。有名じゃなくても、地方にすごいルチャドールたちが眠ってるから。

撮影：笹井タカマサ

語学を使って何をするか、その具体的な目的があったのはよかったと思いますね。

KUSHIDA

アメリカWWEを退団後、2022年6月に新日本プロレスへ電撃復帰を果たしたKUSHIDA選手。復帰後は、ケビン・ナイト選手をパートナーにジュニア戦線で活躍する一方で、LAに生活の拠点を置きながらLA DOJOでコーチに就任。海外を中心としたこれまでのキャリアから、語学への取り組み、今後の展望まで盛りだくさんの内容です。

武藤さんやライガーさんが現地で活躍する姿に憧れ、プロレスラーという職業のフィールドは世界なんだ

―― KUSHIDA選手のキャリアは常に海外というものが大きな転機になっているのかなと。

KUSHIDA　そうですね。それは自分が少年時代に海外で活躍するレスラーが好きだったのが大きいと思います。武藤さん（敬司）や（獣神サンダー・）ライガーさんが現地で活躍する姿に憧れ、プロレスラーという職業のフィールドは世界なんだと自然に学んでいたというか。

―― 1990年代は新日本のレスラーがアメリカのWCWにたびたび参戦してましたね。

KUSHIDA　あとはユニバーサル・プロレス（90年代序盤に活動していたルチャスタイルの団体）を観て、"ウラカン・ラナ"とか"ラ・マヒストラル"とか、そのスペ

イン語の語感が神秘的に響いたというか（笑）。それもあって、大学ではスペイン語を履修するんですけど。
──その大学時代にはメキシコまでルチャ・リブレを学びに行ったそうで。
KUSHIDA　そもそも子どもの頃からプロレスラーになる夢は持ってましたけど、同時に自分みたいに小さい人間は無理だと思ってたんですよね。でも、ライガーさんやウルティモ・ドラゴンさんがレスラーになるためにメキシコに渡ったというのを知って。大学時代にメキシコには計3回行ってます。
──そんなに足を運んでるんですね。
KUSHIDA　最初は大学1年のときに3週間、アステカ・ブドウカンというところに練習に通って。その翌年には大学のプログラムで1カ月、語学留学をしてます。3回目は大学4年になる前に1年休学して、本格的にルチャを学びました。
──大学時代からスペイン語に触れる機会は多かったと。
KUSHIDA　語学を使って何をするか、その具体的な目的があったのはよかったかなと思いますね。これは留学する学生が陥りがちだと思うんですけど、漠然と海外の言葉を学びたいだけだと、身につくのに時間がかかる気がしますね。
──KUSHIDA選手は中学から高田道場で腕を磨いていましたが、大学時にはプロレスラーになるという目標がさらに明確化していたわけですね。
KUSHIDA　まあ、大学生活になじめなかったからっていうのもあるんですけど（苦笑）。当時、東京スポーツでアルバイトしていたので進路としてマスコミへの就職も考えたんですけど、せっかく高田道場で基礎を身につけたのにもったいな

いなと思い、メキシコにわたりました。
──当時、メキシコで驚いたことは？
KUSHIDA　初めてメキシコに行ったときに、宿の部屋に入ろうとしたら小さな人影が一斉に動いたんですよね。どうやらその部屋がストリートチルドレンの溜まり場になってたみたいで、あれはいきなりカルチャーショックを受けました（笑）。
──メキシコの洗礼を受けたと（笑）。
KUSHIDA　あと、スペイン語で「はい」のことを「シィ」って言うんですけど、現地の人と会話をする中で相槌のようにそれを言っていたら、次第に向こうが深いコミュニケーションを取ってこなくなったんですよね。どうやら何にでも「はい」って応える適当なヤツと思われたみたいで。一つの言葉でも、日本語と感覚が違うんだなって思いました。

はじめてのカナダでは、英語がまったく通じず、自分の無力さを痛感

──その後、KUSHIDA選手は2005年9月にメキシコでプロレスラーとしてデビューします。当時、新日本プロレスから中邑真輔選手が棚橋弘至選手と共にメキシコ遠征に来ていて、その際にKUSHIDA選手は新日本入団を誘われたそうですが、日本デビューとして『ハッスル』（04〜09年に活動していたエンタメ色の濃い団体）を選ばれた理由は？
KUSHIDA　僕としては新日本はハードルが高いというか、練習もついていけるか心配だし、寮生活も怖かったんで（苦笑）。『ハッスル』に入ったのは高田（延彦）さんをはじめ、知り合いも多かったので

自然な流れでしたね。

——そして『ハッスル』のあとは、再び自身のツールであるメキシコへと旅立ちました。

KUSHIDA 『ハッスル』は試合数が少なかったので、もっとプロレスラーとして成長したいと思って辞めました。海外に目が向いたのは、尊敬する先輩方の「若いうちは海外に行って経験を積んだほうがいい」という言葉があったからなんですけど、運悪く当時のメキシコは新型インフルエンザの流行で興行が次々になくなってしまって。それでカナダに渡りました。

——カナダでの生活はどのようなものでしたか？

KUSHIDA 現地のプロレスラー兼プロモーターで、いまはIMPACT! WRESTLING（2024年よりTNA）の副社長をやっているスコット・ダモールさんによくしていただいて。ただ、ウィンザーっていう街に住んでたんですけど、周りには何もないような極寒の地で。唯一、コーヒーショップがあるんですけど、最初は自分の英語がまったく通じず、コーヒー一杯頼めなくて。あのときは自分の無力さを感じましたね。

——キャリアの中でも厳しい時代ですか？

KUSHIDA まさにそうです、超孤独でした（苦笑）。めっちゃ試合があるって聞いて行ったんですけど、結局全然なくて。それで生活が苦しいから母親から50万くらい借りて。カップヌードルにツナ缶をぶち込んだのを食べながら、「こりゃ、ヤバいぞ。プロレスラーとしてちゃんとメシが食えるようにならないと」って危機感を持ってましたね。

タイムスプリッターズで自分の名前を世界に売ることができた

——その後、2010年にTAJIRI選手に声をかけられるかたちで『SMASH』の旗揚げに合流しますが、苦しい海外生活の中で渡りに船という感じだったんでしょうか？

KUSHIDA いや、できればそのまま海外でがんばりたかったです。当時、ヨシ・タツさんがWWE、NO LIMIT（内藤哲也＆高橋裕二郎）がTNAに上がっていて、うらやましいなって思いましたね。

——では、帰国の決め手となったのは？

KUSHIDA TAJIRIさんに「海外に住んだまま、試合のときに来るのでもいいから」と言っていただいて。「新日本の選手と戦わせる」っていうのも口説き文句でしたし、そこまで必要としてもらえるならということで。

——そして結果的にこの『SMASH』が、2011年の新日本移籍へとつながると。

KUSHIDA 僕の当時の新日本のイメージとしては、TNAの一線級のタッグチームであるモーターシティ・マシンガンズ（アレックス・シェリー＆クリス・セイビン）と、Apollo 55（プリンス・デヴィット＆田口隆祐）の抗争がジュニア戦線で盛り上がっていて、世界に向けて開けた感じがあったんですよね。団体としてもアメリカで興行を打ったり、Ustreamで試合を世界に配信したりして。

——そこに魅力を感じたと。その後、KUSHIDA選手はアレックス・シェリー選手とのタイムスプリッターズでIWGPジュニアタッグ、そしてシングルではIWGPジュニアヘビー級王座を戴冠し、

新日本ジュニアを代表する選手へと駆け上がります。

KUSHIDA そのあたりは僕にとってはシェリーの存在がすごく大きくて。2010年代の中盤あたりはタイムスプリッターズとしてヤングバックス（マット・ジャクソン＆ニック・ジャクソン）、reDRagon（カイル・オライリー＆ボビー・フィッシュ）、フォーエバー・フーリガンズ（ロッキー・ロメロ＆バレッタ）、マット・サイダル＆リコシェといった魅力的な外国人タッグチームと競いあい、SNSで海外の反応がすごかった覚えがあります。当時、新日本プロレス自体が世界的認知を高めていた時期に、自分の名前を売ることができたというか。

――KUSHIDA選手は新日本のアメリカ大会でも現地の人気を博していましたし、海外の団体から呼ばれることも多かったですよね。

KUSHIDA アメリカのROHやイギリスのRPWからオファーをもらって、多いときには年に14回とか行ってました。ハードではあるんですけど、飛行機に乗って海外で試合することがすごく楽しかったですね。

日本人以外は、人前で自信を持って話すということに慣れてますね

――そして2019年4月、KUSHIDA選手は世界最大規模の団体であるWWEに入団を果たし、アメリカのオーランドに移住されます。

KUSHIDA 最初に驚いたのが、WWEから届いた契約書がメチャクチャ分厚くて。法律的な用語がたくさん並んで、まったく理解できなかったんで「こういう中でやっていくのか……、大丈夫かな？」ってドキドキしましたね（苦笑）。

――実際、英語の準備というのは？

KUSHIDA 本当はやるべきだったんですけど、自分一人じゃなく家族揃っての

移住だったんで、住居や保険に関することとか、とにかくバタバタで。クレジットカードを作るにも、まず銀行口座を開かないといけない。でも、口座を開くには社会保障番号を取得しないといけない。中邑さんはじめ、WWE所属の日本人選手にヘルプしてもらいながら、なんとか海外生活のスタート地点に立った感じでした。

──WWEでは英語圏以外の選手用に語学のレッスンがあるんだとか？

KUSHIDA　ええ、週に4時間ありました。そこで目の当たりにしたのが、日本人以外は最初からみんなスピーチが得意っていうことで。自分をプレゼンテーションすることや、ディスカッションすること自体に慣れてるんですよね。内容が少しくらいあやふやでも、人前で自信を持って話すということを、自然と学校教育の中で身につけてきたんだと思います。

──ある種、日本の教育現場の問題点というか（笑）。

KUSHIDA　ホント、そう（笑）。僕もそうですけど、日本人は完璧を求めすぎて「失敗したらどうしよう」って思いがちなんですよね。WWEには中国やインド、ブラジルとかいろんな国の人がいましたけど、みんな堂々としてました。

──アメリカ生活も4年が経過しましたが、現在は日常生活には困らないかたちでしょうか？

KUSHIDA　一応、なんとかなってます。自分で車を買ったりとか、できることが増えるにつれて英語の上達を感じて。あっちはエレベーターの中で見知らぬ人同士でも、ふつうに「How Are You？」から会話が始まるんですけど、それにまごつくこともないので。とはいえ、やっぱり難しい言葉だらけの契約ごとを理解するのは難しいし、なかなかのストレスですけどね。

──海外で大きな成功をつかむために、もっと英語が話せればと思ったことは？

KUSHIDA　それは意外とないんですよ。僕が目指すレスラー像として、マイクを握りたいとかはまったくなくて、むしろ握らずに表現したいというか。やっぱり、それは自分がファン時代に憧れたレスラーたちが、そんなにマイクアピールをしてなかったことにつながるんだと思います。昔のレスラーはマイクを握るにしろ、勢い任せでしたよね（笑）。

──たしかに聞き取れないことも多かったです（笑）。

KUSHIDA　結局、プロレスラーにはいろんなキャラクターが存在し、言葉を武器とする選手もいれば、そうじゃない選手もいるわけで。もし僕が英語ペラペラだったとしても、WWEから必ずしもオファーが来るとはかぎらないでしょうし。

海外で日本のプロレスを広めるため、いろんな場所でセミナーを開催できれば

── KUSHIDA選手はWWEに3年所属し、2022年6月に新日本復帰を果たします。現在はリングでの活躍のほか、LA DOJOで開講している「NJPW ACADEMY」の講師も務められて。

KUSHIDA　僕は新日本に復帰したときに、「海外で日本のプロレスを広める活動もしていきたい」ってコメントしたんですけど、まさにそれを地で行く活動というか。以前、新日本に所属していたときに、団体の屋台骨を支える棚橋（弘至）さ

後はメキシコやカナダ、そして新日本や
WWE、いろんな指導の場を経験したのが、
いまに活きてるのかなと思います。自分
が教えるときは「この日本語のニュアン
スにフィットする英語は何かな？」とか
考えつつ、楽しくやってます。

──英語で指導できるというのはすごい
ことだと思います。

KUSHIDA　コスタリカでもセミナーを
開いたんですけど、そのときはスペイン
語も使いました。たまたま受講生の中に
英語を話せる人がいたので、言葉の面で
時折ヘルプしてもらいつつ、無事終える
ことができて。海外を拠点としたいまの
ライフスタイルは、僕にとって本当に理
想的ですし、今後もいろんな場所でセミ
ナーを開催できればと思いますね。それ
には英語の勉強も引き続き必要だなと思
ってます。

──最後に語学を学ぶ上でのアドバイ
スをいただければ。

KUSHIDA　まずは現地に行ってほしい
ですね。そうすると偶然の出会いとか、
予期できないことがいっぱい起こるので。
そうやって実際に体感することで、いろ
んな気づきがあるんですよね。たとえば
アレナ・メヒコに行くと大聖堂に来たか
のような厳かな気持ちになり、ルチャ・
リブレというものが神聖なものに見えて
きて。

──そういう気づきが、さらなるモチベ
ーションを生むと。

KUSHIDA　そうなんです。机に座って
勉強するのは退屈かもしれないですけど、
「おもしろいものが見たい」とか「この選
手とコミュニケーション取りたい」とか、
その先の動機を作ると、より理解が深ま
ると思います。

んや真壁（刀義）さんがメディアに出演
しているのを観ていて、「自分にできるこ
とは何かな？」と考えたときに、得意分
野はコレかなとは思ってたんですよね。

──海外で日本のプロレスを広めること
だと。

KUSHIDA　実際に取り組んでいてワク
ワクしますし、けっこうほかの選手には
できないことなのかなと。いまはすごく
やりがいを感じてますね。初めてセミナ
ーをやったときも計80人くらい集まって
くれて、「ちゃんと英語で教えられるかな」
ってドキドキしてたんですけど、特に問
題もなくできて。

──指導者として向いているということ
なんでしょうね。

KUSHIDA　指導という観点で振り返
ると、まず中学生のときに高田道場で桜
庭和志さんたちから教えを受けて。その

『真夜中のレッスル＆キングダム』

清野茂樹アナがパーソナリティを務める大人気Podcast番組『真夜中のレッスル＆キングダム』は語学学習にも最適！
ゲストで登場する外国人選手が落ち着いたトーンで話をしてくれることもあり、聞き取りやすい英語で
リスニング力を鍛えることができます。ここでは、TJP選手とティタン選手のゲスト回の一部を抜粋してお届けします！

翻訳：小池水須香（英語）、元井美貴（スペイン語）

TJP

**TJP選手、日本ではあなたのファンが
とても増えていることをご存じですか？**

I get a lot of comparisons and
fan art to different anime that
they associate me with. The
most recent one was Levi from
Attack on Titan.

●僕とアニメキャラの比較やファンアートをよくもらう。
直近では「進撃の巨人」のリヴァイの（ファンアート）を
もらったよ。

**間近で見るとタトゥーの数が凄いですね。
一体全部でいくつ入っているのでしょうか？**

I stopped counting a long time
ago. It's impossible to go to
Onsen now.

●随分前に数えるのをやめてしまったけど、もう温泉に
入るのは無理だね。

**お話している最中にほとんど目を見て
話してくれていませんね。目を見て話すのは
得意ではないですか？**

Yeah, sometimes I look down
a lot. I'm not a very intense
person.

●下を向きがちになる事がたまにあるかも。あまり気性
が激しいタイプではないよ。

**色々なファンからSNSで反応があるかと
思います。見るのは楽しいですか？**

They usually compare pictures
and things for me to like movie
stars and rock stars, but I'm
really very shy normally in
real life, but I appreciate their
support.

●みんな僕と映画スターやロックスターの写真を比較し
てくれるけど、本来の自分は本当にめちゃめちゃシャイ
なんだよ。とはいえ、ファンのサポートには感謝している。

**タイガーマスクのタトゥーもありますね。
何か理由がありますか？**

Everything on my left arm is
all inspirations for my life. I
have three wrestlers that were
like my inspirations. And so
there's Shawn Michaels, Eddie
Guerrero. and then Sayama.

●左腕のタトゥーは全部人生において大きな影響を受
けたもの。（プロレスにおいては）3人のレスラーからイ
ンスピレーションを受けていて、それがショーン・マイ
ケルズ、エディー・ゲレーロとリヤマ（初代タイガーマ
スクの佐山サトル）。

**日本にはかれこれ20年近く来ていますが、
日本に来て楽しみにしていることは何ですか？**

I enjoy going to local places
and taking the subway and, you
know, finding my favorite shops
and restaurants and things that
I go to every time.

●ローカルな場所に行ったり、電車に乗ったりするのを
楽しんでいるよ。行った場所でお気に入りのお店やレス
トランなどを見つけるんだ。

Key Words　comparison　比較／associate A with B　AからBを連想する／Attack on Titan　進撃の巨人
compare　〜を比較する／appreciate　〜に感謝する／intense　激しい

ティタン

毎回日本には何枚くらいマスクを
持ってくるんですか？

En esta ocasión con el super jr. traje 30 máscaras.

● 今回の（ベスト・オブ・ザ・）スーパージュニアでは
30枚のマスクを持ってきました。

全部違うデザインですか？

Sí, todos diferentes. Hay un aficionado japonés que tiene más de 100 máscaras mías. Es el aficionado número uno en cuestión de mis máscaras jajaja.

● はい、全て違うデザインです。100枚以上私のマスク
を持っているファンの方もいます。私のマスクに関して
は一番のファンですね（笑）

ルチャドールに憧れてなろうと思ったのはいつ
の話ですか？

Eh… ver la lucha libre por televisión. Eh… tal vez trece años. Me gustaba mucho.

● テレビでルチャ・リブレを観ました。ええと…たぶん
13歳かな。すごく好きでした。

お父さんが好きだったんですか？

Porque mi hermano la veía. Y después jugaba lucha libre en mi escuela.

● 兄が観ていたからです。そして私の学校でもプロレス
をして遊んでいました。

やっぱりプロレスごっこをやるんですね。
あなたはルード、テクニコのどちらでしたか？

Siempre me gustó Rudo. Pero siempre sigo Técnico.

● いつもルードが好きでした。でも（ティタンとしては）
ずっと私はテクニコを続けています。

『BOSJ2023』では決勝戦まで進みました。
どう感じていますか？

Muy bien, muy feliz, es mejor que un sueño.

● 最高で、本当に幸せで、夢をも上回っています。

今後、新日本プロレスで
闘いたい相手は誰ですか？

Me gustaría enfrentar un mano a mano para aprender mucho de Naito. Quiero aprender mucho. Yo he enfrentado a BUSHI también. He aprendido mucho. Me gustó mucho enfrentarlo. HIROMU para mí es uno de los mejores del mundo. Luché con él, entonces para mí fue algo muy grande para mí. El Desperado también es un luchador que admiro mucho y respeto. Puedo mencionarte muchos luchadores, pero uno que tenga que mencionar, me gustaría enfrentar a OKADA.

● 多くのことを学ぶために、内藤選手と1対1で対戦で
きると嬉しいです。たくさん学びたいんです。BHSHI選
手とは闘って多くのことを学びました。彼と対戦するの
が好きです。ヒロム選手は私にとって世界で最高の選
手のうちの一人です。彼と闘ったことは私にとって非常
に大きなことでした。デスペラード選手のこともすごく
憧れているし、リスペクトしています。他にもたくさん
の選手を挙げることはできるけど、ひとり挙げないとい
けないならオカダ選手と闘いたいです。

Key Words ocasión 機会、チャンス／aficionado/a ファン／años año 「年」の複数形／sueño 夢。眠りや眠気
という意味も／enfrentar 向き合う、対戦する／entonces それなら、それで

もっと学びたい人にオススメ
プロレス×語学のコンテンツ
「もっと語学を学びたい！」という方向けに、プロレスを楽しみながら語学も学べるコンテンツをご紹介します！

『NJPW WORLD』(新日本プロレス公式動画配信サービス)
▶ https://njpwworld.com/

スマホやPCがあれば、いつでもどこでも視聴可能なインターネット動画配信サービス。新日本プロレスの主要大会では、日本語実況の他に英語実況も配信中。その他、AEW、ROH、IMPACT Wrestling、CMLLなどの海外団体の試合を現地実況などでも楽しむことができます。
新日本プロレスワールド：WEB月額1298円（税込）、公式アプリ月額1500円（税込）

英語版オフィシャルホームページ
▶ https://www.njpw1972.com/

日本語版サイト左上の「English」タブを押せばすぐに閲覧できるのが英語版のホームページ。ニュース、大会日程、試合結果などの最新情報がほぼ毎日更新されています。日本語で内容を理解した記事を英語で読み直せば、英語が苦手な人でも無理なく読み進めることができるのでおすすめです。

『新日本プロレス英語入門』(アルク)

総合監修：新日本プロレス　定価：1980円（税込）

2021年11月に刊行された本書の姉妹編（応用編）です。ジェイ・ホワイト選手への独占インタビュー、20名の外国人選手のアンケートなど、多くのコンテンツが英語と日本語のセットで掲載されています。その他、棚橋選手、柴田選手、KENTA選手のインタビューなどオリジナルコンテンツが盛りだくさん！　「外国人選手のコメントやマイクアピールを理解できるようになりたい」と考えている人に、特にオススメの書籍です。

『改訂版 中学校3年間の英語が1冊でしっかりわかる本』
（かんき出版）

著者：濵﨑潤之輔　定価：1320円（税込）

発行部数26万部を突破した英文法書のベストセラー。無理なく学べる順序と解説のわかりやすさから、英語が苦手な学生はもちろんのこと、英語の勉強をやり直したい大人にも支持されています。著者は、本書の英語監修でもある濵﨑潤之輔先生。「オカダさんはシバタさんより背が高いです」「ナイトウさんは野球をすることが好きです」など、プロレスファンなら思わずニヤリとできる例文が揃っています。

『超初級から話せる スペイン語声出しレッスン』(アルク)

著者：元井美貴　定価：2200円（税込）

新日本プロレス中継の試合解説でもおなじみ、元井美貴さんが著者のスペイン語学習本。1日に学習するのは３文なので、スペイン語の知識ゼロからでも、毎日無理なく学習を続けられます。日常生活から海外旅行まで、声に出して覚えたい180の例文を掲載。「アレナ・メヒコまでお願いします」「ミスティコ選手のＴシャツを買わないと」など元井先生のルチャ愛あふれる例文も満載です。

新日本プロレス 英語&スペイン語「超」入門

（新日本プロレス公式ブック）

発行　2023年12月11日（初版）

総合監修	新日本プロレスリング株式会社
監修	濵﨑潤之輔（英語）／元井美貴（スペイン語）
制作協力	新日本プロレスリング株式会社
デザイン	金井久幸／松坂健（TwoThree）
DTP	TwoThree
翻訳	濵﨑潤之輔／小池水須香／Chris Charlton／元井美貴
イラスト	横山千裕／広く。／元井美貴
ナレーション	Eric Kelso／村上サユリ／元井美貴
録音・編集	ELEC録音スタジオ
企画・編集	信田康平（株式会社アルク 書籍編集部）
編集協力・選手取材	鈴木佑
統括	白川雅敏（株式会社アルク 書籍編集部）
販売	小枝伸行／秋山克美／柏倉 仁／木名瀬寿／木村友海／水村 涼 金子真由香／服部明日香（株式会社アルク 出版営業部）
校正	Peter Branscombe／鈴木佑／神長倉 未稀／Helena Vila Mirasol
Special thanks	CMLL
写真協力	新日本プロレスリング株式会社、All Elite Wrestling／LLC Promociones México Coliseo y Revolución（CMLL）
撮影	山本高裕／笹井タカマサ／中原義史
印刷・製本	シナノ印刷株式会社
発行者	天野智之
発行所	株式会社アルク 〒102-0073 東京都千代田区九段北4-2-6　市ヶ谷ビル Website：https://www.alc.co.jp/

地球人ネットワークを創る

アルクのシンボル
「地球人マーク」です。